L'Art
de créer
des
Fleurs
en papier
et en tissu

L'Art de créer des Fleurs

en papier et en tissu

Steve et Megumi Biddle

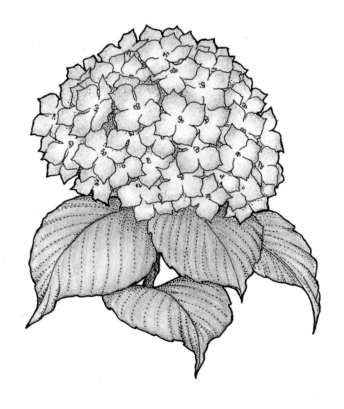

FRANCE LOISIRS
123, boulevard de Grenelle, Paris

Titre original de cet ouvrage
MAKING FLOWERS

Traduction-adaptation
Valérie Garnaud-d'Ersu

© 1991, Steve et Megumi Biddle, pour le texte original
et les illustrations
© 1991, David & Charles plc., pour l'édition originale
© 1993, Éditions Solar, Paris, pour la version française
Édition du Club France Loisirs, Paris,
avec l'autorisation des Éditions Solar

ISBN : 2-7242-5686-7
N° d'éditeur : 24006
Dépôt légal : juin 1994

Photocomposition : PFC, Dole - Imprimé en Espagne

SOMMAIRE

Avant-propos

Il suffit d'un peu d'imagination et de quelques techniques simples pour recréer la beauté éphémère d'un pétale délicatement ondulé. C'est là le propos de cet ouvrage.

Le papier comme le tissu étant des matériaux peu coûteux, la plupart des compositions présentées ici peuvent être entreprises à moindres frais. Chacune est l'occasion d'aborder une nouvelle méthode, si bien que, lorsque vous aurez mis en pratique tous ces exemples, vous maîtriserez l'ensemble des techniques utilisées dans l'art des fleurs en tissu ou en papier.

Avant toute réalisation, lisez attentivement le chapitre « Matériel et techniques générales » ainsi que celui des « Outils et matériel nécessaires », car ils font le point sur l'essentiel des méthodes et fournitures indispensables.

Les matériaux conseillés dans ce livre sont ceux que nous avons utilisés, mais il est tout à fait possible d'en choisir d'autres (il peut parfois s'agir simplement de marques différentes). Une dernière précision concernant les matériaux et accessoires utiles pour la création de fleurs en papier : nous les avons trouvés dans divers magasins, parfois inattendus. Aussi, ne craignez pas de faire des recherches pour dénicher ce qu'il vous faut.

La réussite et l'originalité de ce type de réalisations dépendent essentiellement des finitions et du style personnel. Bien sûr, essayez dans la mesure du possible de reproduire exactement les fleurs telles qu'elles apparaissent sur les photographies, mais n'oubliez pas que chaque artiste a sa personnalité. L'important, c'est le caractère original que vous apportez à votre création – les émotions et la vie que vous insufflerez à vos œuvres. Ce sont ces qualités intangibles qui feront toute l'expressivité de vos fleurs.

Nous espérons que cet ouvrage contribuera à vous faire apprécier cette discipline passionnante et à vous donner, avec la maîtrise des techniques, la confiance nécessaire pour vous lancer dans de nouvelles créations. Les compositions présentées dans ces pages ont été pour nous sources de joie ; nous sommes certains qu'il en sera de même pour vous !

ANATOMIE D'UNE FLEUR

*La réalisation de fleurs en tissu ou en papier
implique d'observer de près de « vraies »
fleurs, et de comprendre leur structure.
Vous trouverez dans cet ouvrage toutes
les informations nécessaires et des schémas
détaillés pour réaliser les fleurs illustrées,
mais, au cas où vous voudriez créer de
nouveaux « patrons » pour d'autres œuvres,
il vous faut connaître l'anatomie d'une fleur,
les différents organes qui la composent.*

PÉTALES
Les pétales sont généralement très colorés, car
destinés à attirer les insectes pollinisateurs. Ce sont
les éléments les plus décoratifs de la fleur, aussi
demandent-ils un soin particulier. L'ensemble
des pétales forme la corolle.

CALICE
Le calice est situé à la base des pétales, au point
de jonction avec la tige. Il est composé de feuilles
vertes modifiées, qui protègent le bouton floral.
Il peut se révéler décoratif lui aussi, quand la fleur
est épanouie.

ÉTAMINES
Ce sont les organes mâles de la fleur, qui portent
les grains de pollen. Leur extrémité est couverte
de ce pollen poudreux.

PISTIL
C'est la partie femelle de la fleur, en général située
au centre. Il est parfois difficile de le différencier
des étamines.

FEUILLES
Les feuilles à limbe large se développent
en s'écartant de la tige. Leur rôle principal est
la synthèse de substances énergétiques
indispensables à la croissance de la plante,
en présence de lumière (photosynthèse).

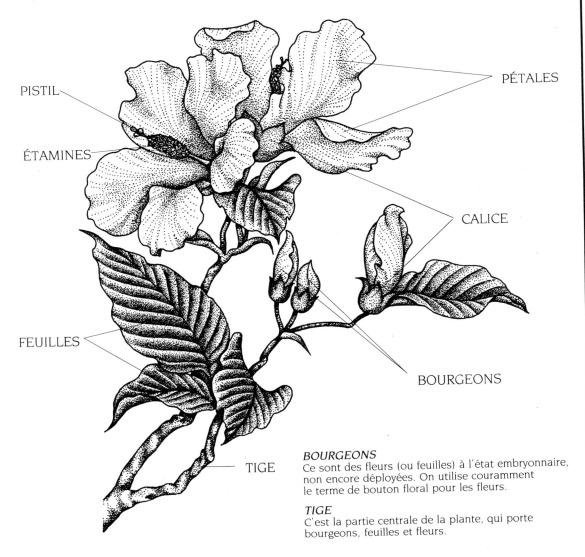

PÉTALES

PISTIL

ÉTAMINES

CALICE

FEUILLES

BOURGEONS

TIGE

BOURGEONS
Ce sont des fleurs (ou feuilles) à l'état embryonnaire,
non encore déployées. On utilise couramment
le terme de bouton floral pour les fleurs.

TIGE
C'est la partie centrale de la plante, qui porte
bourgeons, feuilles et fleurs.

7

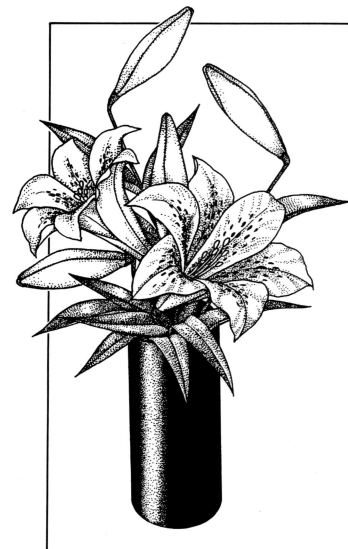

Matériel et techniques générales

LE MATÉRIEL NÉCESSAIRE

Avant toute réalisation, nous vous conseillons de lire attentivement ce chapitre, ainsi que les chapitres plus détaillés des pages 140 à 154. Vous y trouverez toutes les informations nécessaires concernant les outils, matériaux et techniques évoqués et utilisés dans les créations présentées.

PAPIER ARTISANAL
Ce papier est proposé dans les magasins d'importation de produits japonais ou orientaux, ainsi que chez la plupart des fournisseurs de matériel pour travaux manuels et loisirs. Il existe dans une vaste gamme de teintes et de textures, et il convient à la plupart des réalisations. Sa texture est moins uniforme que celle du crépon. Il peut également être teint. Si vous ne parvenez pas à vous en procurer, il peut parfaitement être remplacé par du tissu ou du papier crépon.

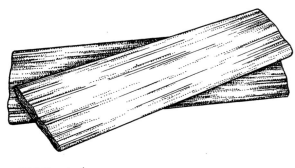

PAPIER CRÉPON
On trouve ce type de papier en papeterie ou chez les fournisseurs de matériel pour travaux manuels. Il existe en blanc et dans de très nombreuses teintes. Grâce à une technique simple, on peut lui donner des couleurs et textures plus appropriées à certaines créations. La texture du crépon est idéale pour les fleurs en clochettes et celles à pétales frangés ou gaufrés.

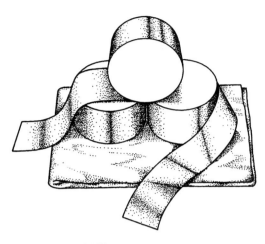

TISSU ET RUBAN

Coton, satin, popeline, velours et soie se prêtent
à merveille aux réalisations florales. Vous pourrez
d'ailleurs mettre à profit les chutes de tissu que
vous avez certainement en réserve. Vous trouverez
aisément des rubans dans les merceries ou les
magasins spécialisés. Là encore, il en existe dans
une multitude de teintes, textures et largeurs. Vous
pouvez également teindre tissus et rubans pour leur
donner une texture différente. Avant toute découpe
de patron, assurez-vous que les tissus, excepté
le velours, ont bien été apprêtés.

PAPIER CRÉPON ADHÉSIF

C'est le ruban adhésif des fleuristes (Floratape).
Il peut être obtenu chez les fleuristes ou dans
les magasins d'articles pour travaux manuels.
Il existe en différentes teintes, mais vous pouvez
également le teindre si vous ne trouvez pas celle
recherchée. Évitez le ruban adhésif plastifié
des fleuristes, brillant, qui ne convient pas
du tout pour l'assemblage des fleurs
en papier ou en tissu.

ÉTAMINES

On en trouve de toutes faites, ou des formes
approchantes, dans les merceries ou chez
les fournisseurs de matériel pour travaux manuels.
Elles existent dans une large palette de teintes
et de tailles différentes. Les étamines se présentent
en général sous forme de petites tiges métalliques
à bouts colorés, qui peuvent, selon les besoins,
être coupées ou pliées en deux. Vous pouvez aussi
les teindre si vous ne trouvez pas le coloris choisi.

FILS OU TIGES MÉTALLIQUES

Ils sont proposés dans une vaste gamme de calibres
prédécoupés ou non, nus ou gainés de papier ou de
plastique (en général en vert ou en blanc)*. On les
trouve dans les quincailleries, chez les fleuristes ou
dans les jardineries, chez les fournisseurs de
matériel pour travaux manuels.

* Dans cet ouvrage, nous appelons gros calibre
un fil métallique de 1,6 à 1,8 mm de diamètre,
moyen calibre de 1 à 1,4 mm, et petit calibre de 0,6
à 1 mm.

TECHNIQUES GÉNÉRALES

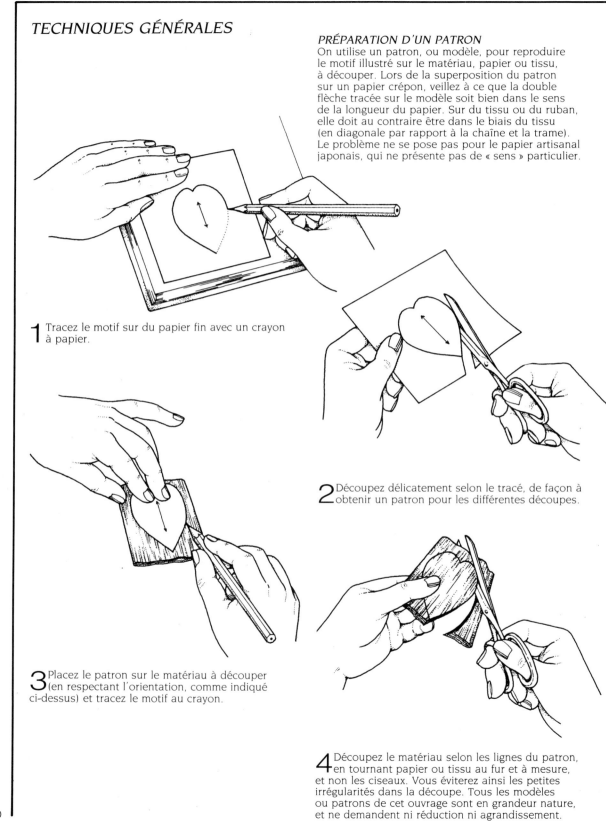

PRÉPARATION D'UN PATRON

On utilise un patron, ou modèle, pour reproduire le motif illustré sur le matériau, papier ou tissu, à découper. Lors de la superposition du patron sur un papier crépon, veillez à ce que la double flèche tracée sur le modèle soit bien dans le sens de la longueur du papier. Sur du tissu ou du ruban, elle doit au contraire être dans le biais du tissu (en diagonale par rapport à la chaîne et la trame). Le problème ne se pose pas pour le papier artisanal japonais, qui ne présente pas de « sens » particulier.

1 Tracez le motif sur du papier fin avec un crayon à papier.

2 Découpez délicatement selon le tracé, de façon à obtenir un patron pour les différentes découpes.

3 Placez le patron sur le matériau à découper (en respectant l'orientation, comme indiqué ci-dessus) et tracez le motif au crayon.

4 Découpez le matériau selon les lignes du patron, en tournant papier ou tissu au fur et à mesure, et non les ciseaux. Vous éviterez ainsi les petites irrégularités dans la découpe. Tous les modèles ou patrons de cet ouvrage sont en grandeur nature, et ne demandent ni réduction ni agrandissement.

MARQUAGE DES NERVURES

Les feuilles présentent toutes sortes de formes et de tailles, avec, pour chaque espèce, un réseau de nervures caractéristique. Cette technique simple donnera à vos feuilles un aspect plus réaliste.

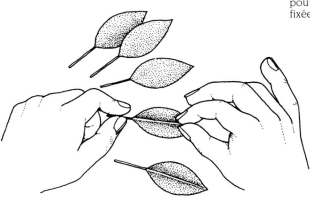

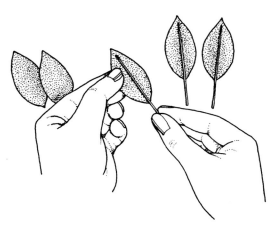

1 À l'aide d'un cure-dents ou d'un fin bâtonnet, étalez un peu de colle le long de la nervure médiane de la feuille, en arrêtant juste avant la pointe.

2 Collez une fine tige métallique sur la feuille (elle dépasse généralement au bas de la feuille pour former le pétiole). Attendez qu'elle soit bien fixée avant de passer à l'étape suivante.

3 Retournez la feuille (donc tige métallique en dessous) et pincez la tige entre le pouce et l'index sur toute la longueur, de façon à faire ressortir cette nervure centrale de la feuille.

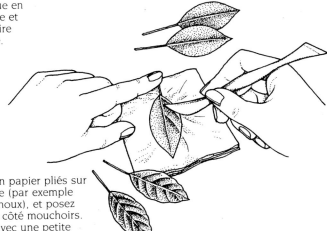

4 Posez quelques mouchoirs en papier pliés sur une surface lisse mais souple (par exemple la planche à repasser ou vos genoux), et posez la feuille dessus, tige métallique côté mouchoirs. Marquez les nervures latérales avec une petite spatule ou le manche d'une cuillère.

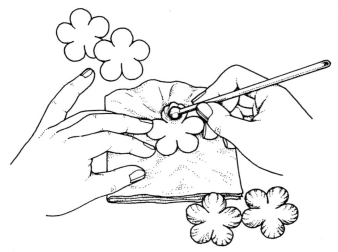

MODELAGE DES PÉTALES

Il existe de multiples façons de modeler les fleurs en papier ou en tissu pour leur donner une touche plus réaliste. La technique à utiliser dépend du choix du matériau. C'est avec du papier crépon ou artisanal que l'on peut le mieux faire bomber les pétales.

Placez quelques mouchoirs en papier pliés sur une surface lisse mais non rigide (par exemple la planche à repasser ou vos genoux), et posez le pétale ou la corolle dessus. À l'aide d'un ustensile à bout arrondi (aiguille à tricoter ou dos d'une petite cuillère), appuyez vers le bas et en tournant, de l'extrémité vers le centre du pétale, de façon à lui donner une forme légèrement en coupe.

CHAUFFAGE

Cette technique convient tout particulièrement au tissu et au ruban. Ne l'entreprenez que lorsque vous avez terminé les travaux préparatoires tels que teinture et apprêt du tissu.

Il existe un outil spécial, un petit fer électrique, pour façonner les fleurs en tissu. Des têtes de formes différentes permettent d'obtenir des textures et des effets particuliers selon les fleurs.

Si vous ne disposez pas de cet outil, ayez recours à une petite cuillère. Chauffez-la quelques minutes dans de l'eau bouillante, séchez-la rapidement et procédez comme indiqué ci-dessus pour modeler les pétales. Répétez l'opération aussi souvent que nécessaire.

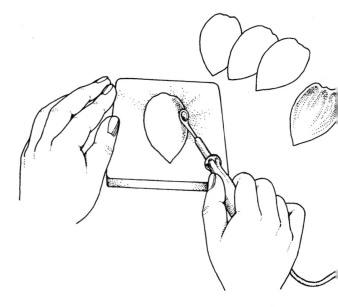

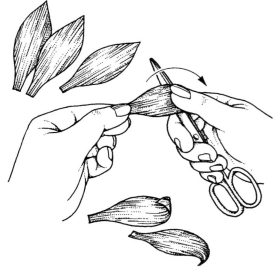

PÉTALES ENROULÉS

Cette technique convient au papier crépon.

Placez le pétale (coupé dans le sens de la longueur) entre votre pouce et les lames fermées d'une paire de ciseaux. Tirez en apppuyant très fermement les lames contre le crépon, ce qui a pour effet de le faire « boucler » vers les lames. La courbure est fonction de la tension imprimée au niveau des lames.

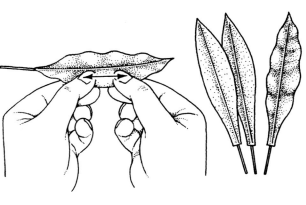

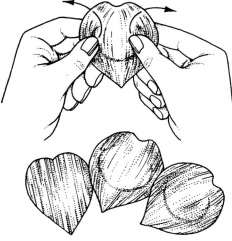

PÉTALES ONDULÉS

Les quatre techniques d'étirement suivantes utilisent soit le biais, soit le grain du matériau pour donner aux pétales une forme délicatement ondulée.

Pour onduler le bord des pétales, tenez-le à deux mains entre les pouces et les index, comme indiqué sur le schéma, et tirez doucement dans les directions opposées. Procédez ainsi sur toute la longueur.

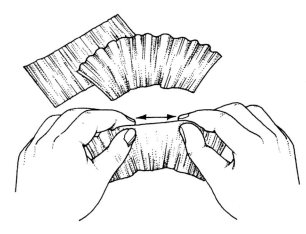

PÉTALES BOMBÉS

Maintenez le centre du pétale entre vos pouces et vos index et étirez-le délicatement vers l'extérieur, de façon à faire bomber le centre.

PÉTALES GAUFRÉS

Tenez le bord du pétale ou de la corolle entre vos pouces et vos index, comme indiqué ci-dessus, et tirez délicatement dans les directions opposées. Poursuivez le gaufrage sur toute la longueur voulue.

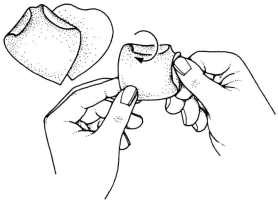

PÉTALES DE ROSE OURLÉS

Pour ourler un pétale – notamment les pétales de rose –, roulez-en doucement les bords supérieurs vers l'intérieur, entre pouce et index.

13

TEXTURE FROISSÉE

De nombreuses fleurs telles que l'iris ou le glaïeul
ont des pétales à texture très joliment gaufrée
ou froissée. On obtient facilement un tel effet avec
un linge humide, mais cette technique ne s'applique
qu'au tissu et au papier artisanal. La mise
en pratique est aisée, mais il est préférable
de s'exercer sur des chutes de papier ou de tissu.

Avant de commencer, humidifiez bien un grand
mouchoir en coton. Pressez-le pour en éliminer l'eau
en excès. Si le mouchoir est trop imbibé, le matériau
sera beaucoup trop détrempé pour être chiffonné.
Assurez-vous ensuite que les tiges métalliques
des feuilles ou des pétales sont solidement collées
et que la colle est sèche. Enfin, placez le côté
portant la ou les tiges métalliques au-dessus.

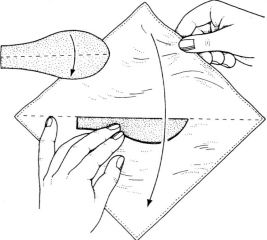

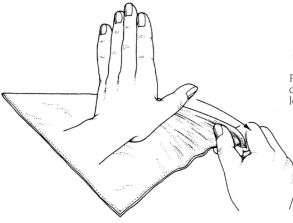

1 Étalez le mouchoir devant vous, en losange. Pliez
le pétale en deux dans le sens de la longueur.
Placez-le le long de la ligne horizontale centrale
du losange, comme sur le schéma. Repliez alors
le mouchoir en deux, du haut vers le bas.

2 Placez fermement la paume de la main gauche
sur le pétale. De l'autre main, saisissez l'un des
coins du mouchoir pour l'étirer dans le sens du biais.
Veillez à maintenir une bonne pression au niveau
du pétale et continuez à étirer le mouchoir tout en
le tournant vers le bas et vers vous...

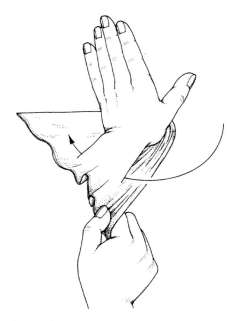

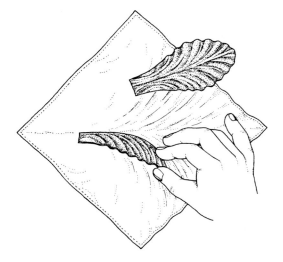

3 ... donc en le faisant passer sous votre autre
main.

4 Ouvrez délicatement le mouchoir et vous
y trouverez le pétale froissé, joliment gaufré.
En conservant la forme en coupe du pétale,
dépliez-le avec soin et mettez-le à sécher.

À l'étape 2, peu importe que vous soyez droitier
ou gaucher. L'essentiel est que l'extrémité du pétale
soit bien orientée vers la main qui tourne
le mouchoir.

ASSEMBLAGE SIMPLE

Pour assembler les pétales d'une fleur, on utilise
une tige métallique de fin calibre. Il est préférable
d'assembler un par un les pétales d'une fleur reliés
les uns aux autres, comme ceux du freesia.

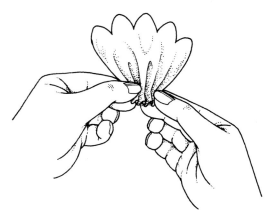

1 Tenez les pétales (corolle) entre vos pouces
et vos index. Faites de petites fronces régulières
à la base des pétales, pour former une sorte
d'éventail.

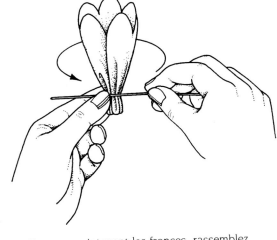

2 Tout en maintenant les fronces, rassemblez
les pétales en rond, en les faisant se chevaucher
légèrement. À environ 1 cm de leur base, passez
une courte longueur de fine tige métallique autour
des fronces...

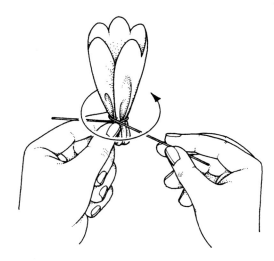

3 ... en faisant deux ou trois tours bien serrés.

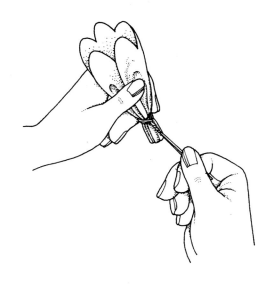

4 Tenez les pétales d'une main et, de l'autre,
tordez les deux extrémités du fil métallique pour
maintenir le lien bien assujetti à la base des pétales.
Ne recoupez pas les extrémités qui dépassent,
elles serviront à fixer la fleur sur sa tige.

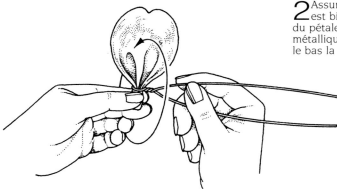

ASSEMBLAGE D'UN GROUPE

Les fleurs comptant de nombreux pétales, comme les roses, demandent à être assemblées d'abord par groupes de pétales.

Avant de commencer, pliez en deux une grande longueur de fine tige métallique.

1 Entre vos pouces et vos index, formez de petites fronces régulières à la base du pétale pour le faire bomber légèrement.

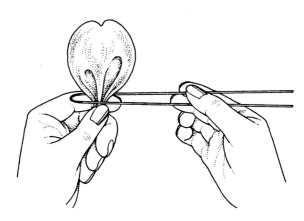

2 Assurez-vous que la partie bombée du pétale est bien orientée vers le haut et glissez la base du pétale dans l'extrémité recourbée de la tige métallique, en laissant dépasser d'environ 1 cm vers le bas la base du pétale.

3 Tout en maintenant les deux « branches » de la tige métallique, faites tourner le pétale deux ou trois fois de façon à tordre les fils bien serrés à la base du pétale.

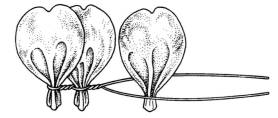

4 Répétez les étapes 1 et 2 avec un autre pétale, en veillant à ce qu'ils se chevauchent légèrement et soient aussi proches que possible. Répétez l'étape 3 en vous assurant que le deuxième pétale est bien maintenu avec le (ou les) premier(s).

Renouvelez les opérations 1 à 4 autant de fois que nécessaire. Ne coupez pas le fil métallique qui dépasse, il servira à fixer les pétales sur la tige de la fleur.

CENTRE DE LA FLEUR

Le cœur de la fleur est constitué des étamines
et du pistil. C'est une partie importante de la fleur.

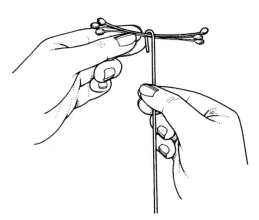

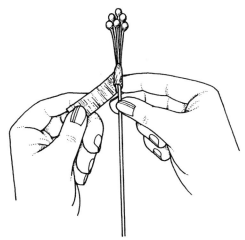

1 Faites un petit crochet à l'extrémité d'une tige
métallique. Placez ce crochet sur le bouquet
d'étamines (dont vous aurez déterminé le nombre)
en leur milieu, et repliez les étamines vers le haut.

2 Fixez l'ensemble en recouvrant la base
des étamines et le crochet de ruban crépon
adhésif, en commençant à environ 0,5 cm
au-dessus du crochet.

ASSEMBLAGE D'UNE FLEUR

Si toutes les fleurs présentées dans ce livre sont
très différentes d'aspect, les principales étapes
de l'assemblage sont à peu près identiques.

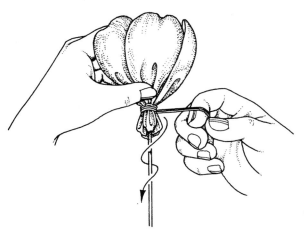

1 Entourez le centre de la fleur de l'ensemble
des pétales, en veillant à ce que la tige reliant
les pétales soit juste au-dessus du point
de jonction entre étamines et ruban adhésif.

2 Fixez solidement la double tige qui dépasse
autour de la base des pétales, pour les maintenir
sur la tige centrale. Continuez à l'enrouler autour de
cette tige, vers le bas. (Dans toutes ces réalisations,
nous appelons base l'espace situé entre le bas
des pétales et le lien, espace souvent utilisé
pour lier ou coller.)

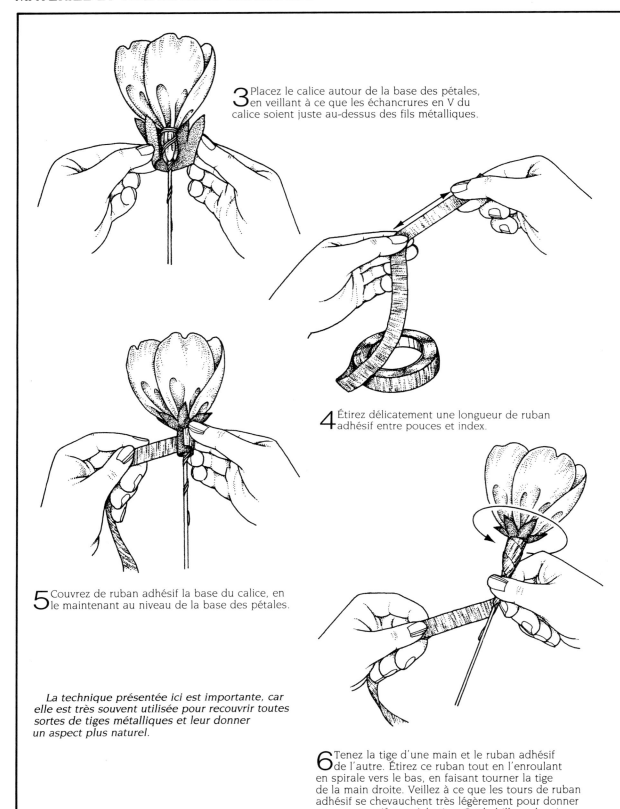

3 Placez le calice autour de la base des pétales, en veillant à ce que les échancrures en V du calice soient juste au-dessus des fils métalliques.

4 Étirez délicatement une longueur de ruban adhésif entre pouces et index.

5 Couvrez de ruban adhésif la base du calice, en le maintenant au niveau de la base des pétales.

La technique présentée ici est importante, car elle est très souvent utilisée pour recouvrir toutes sortes de tiges métalliques et leur donner un aspect plus naturel.

6 Tenez la tige d'une main et le ruban adhésif de l'autre. Étirez ce ruban tout en l'enroulant en spirale vers le bas, en faisant tourner la tige de la main droite. Veillez à ce que les tours de ruban adhésif se chevauchent très légèrement pour donner un aspect uniforme à la tige. Cet habillage des tiges devient plus facile avec un peu de pratique.

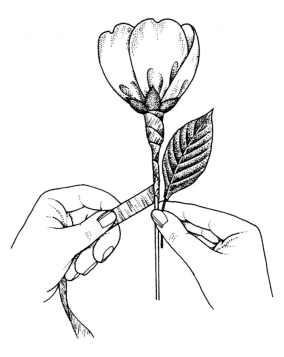

7 Placez une feuille contre la tige à l'endroit choisi, de telle façon que la face « armée » de fil métallique de la feuille soit dirigée vers l'extérieur.

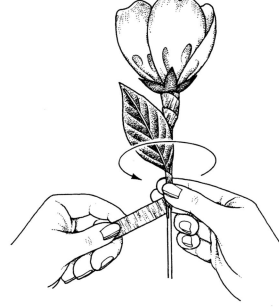

8 Répétez l'opération 6, en tenant à la fois la tige de la fleur et celle de la feuille, pour maintenir et recouvrir cette dernière avec la tige principale. Mieux encore, essayez d'enrouler le ruban adhésif sur la base même du limbe de la feuille lors de l'habillage de la tige. Continuez vers le bas...

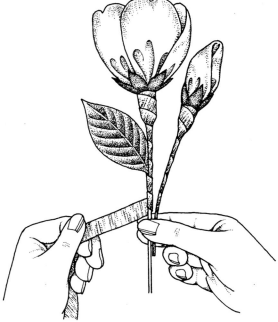

9 ... et répétez les étapes 7 et 8 pour ajouter d'autres feuilles, fleurs et boutons floraux. Pour un habillage bien net des tiges, il est impératif de les gainer jusqu'à leur extrémité inférieure.

19

PRÉPARATION D'UN BOUTON FLORAL

Les différentes opérations sont les mêmes pour tous les boutons floraux.

1 Faites un petit crochet à l'extrémité d'une fine tige métallique. Enrobez-le progressivement de petits morceaux de coton hydrophile de façon à obtenir une sorte de pompon. La forme et la taille du pompon seront précisées pour chaque type de fleur.

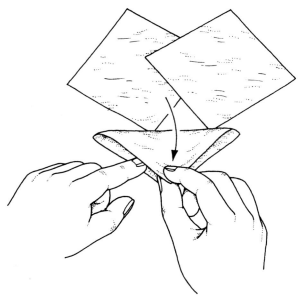

2 Placez un carré de tissu ou de papier en losange devant vous et pliez-le en deux par le milieu, du haut vers le bas.

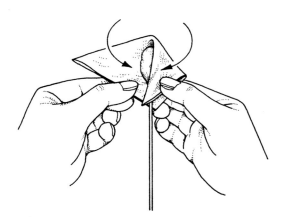

3 Recouvrez le pompon du triangle ainsi formé, en veillant à masquer tout le coton et...

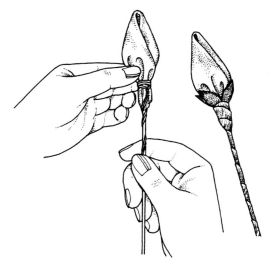

4 ... assujettissez le bouton floral sur la tige avec une petite longueur de fil métallique fin ou de ruban adhésif. Mettez en place le calice s'il y en a un, et fixez-le à la base du bourgeon avec une longueur de ruban adhésif de fleuriste que vous enroulerez jusqu'à la base de la tige.

LES TOUCHES DE FINITION

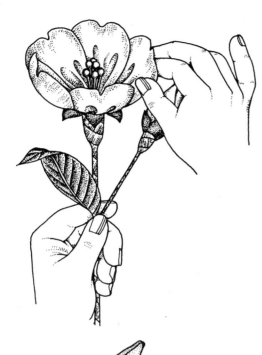

1 Pour faciliter l'assemblage, les fleurs sont en général en position « fermée ». Il est donc important d'ouvrir ensuite pétales et feuilles (cachant ainsi leur face « armée ») pour leur donner vie, d'ajuster l'angle entre fleur et tige. Observez des fleurs naturelles... et suivez votre intuition.

2 La longueur de la tige, et donc la longueur à habiller de ruban crépon, est fonction de vos goûts et du type de réalisation. Ainsi, pour une composition en boutonnière, les tiges seront recoupées aussi court que possible.

3 Si vous comptez présenter les fleurs dans un vase, prévoyez des tiges plus longues que nécessaire, vous pourrez les recouper à la longueur voulue.

Pour gagner du temps et éviter d'utiliser inutilement de grandes quantités de matériaux, décidez avant toute réalisation de sa destination et de sa présentation finales, et planifiez ainsi les différentes étapes de votre travail.

PERCE-NEIGE

C'est une charmante réalisation pour l'hiver, car les feuilles rubanées vertes et les fleurs blanches en petites clochettes pendantes du perce-neige sont les signes annonciateurs du printemps.

Papier artisanal ou tissu vert
Papier crépon blanc
Ruban crépon adhésif vert
Fils métalliques de moyen et gros calibre
1 étamine blanche
Feutre vert clair
Colle vinylique
Outils (ciseaux, règle, etc.)

Pour un perce-neige, découpez :

Élément	Matériau	Quantité	Couleur
Pétale A	papier crépon	3	blanc
Pétale B	papier crépon	1	blanc
Feuilles G/M/P	papier ou tissu	1 de chaque	vert
Calice	papier artisanal ou tissu	1	vert

Les modèles proposés sont grandeur nature. Reportez-les sur du papier et utilisez ces patrons pour découper les différentes parties des fleurs à réaliser. Toutes les techniques mentionnées ici sont présentées en détail dans le chapitre « Matériel et techniques générales ».

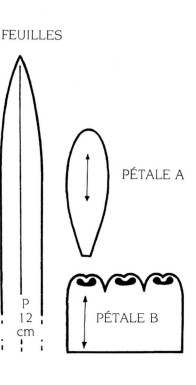

FEUILLES

G
18
cm

M
15
cm

P
12
cm

PÉTALE A

PÉTALE B

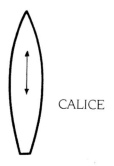

CALICE

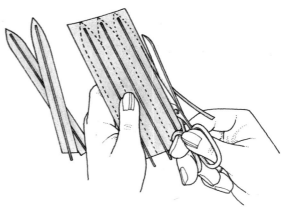

FEUILLES

1 Coupez trois longueurs de 18 cm de fil
métallique (calibre 1,4-1,6 mm). Collez-les sur
le papier ou le tissu vert, en les espaçant d'environ
1,2 cm.

2 Quand les tiges métalliques sont bien collées,
découpez les feuilles G, M et P (grande, moyenne
et petite).

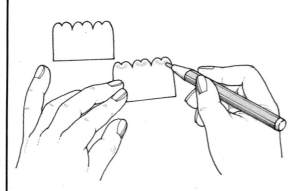

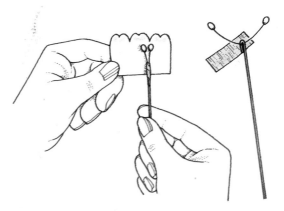

FLEUR

3 Comme illustré ci-dessus, marquez de petites
touches vert pâle le bout des pétales B, avec
le feutre.

4 Préparez le centre de la fleur, constitué d'une
tige métallique de gros calibre de 20 cm de long,
de l'étamine blanche et de ruban adhésif vert.
Entourez le centre de la fleur des pétales B,
les touches vertes vers l'extérieur, en faisant se
chevaucher légèrement les deux bords.

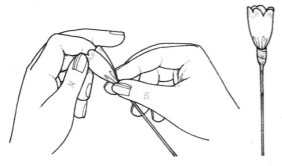

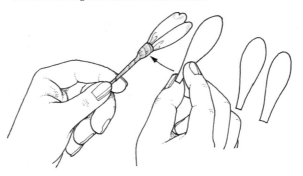

5 Entre le pouce et l'index, maintenez le cœur
de la fleur entouré des pétales B. Ouvrez
délicatement ceux-ci pour former une petite
clochette. Fixez la partie B sur la tige avec
du ruban adhésif de fleuriste vert.

6 Fixez les pétales A autour de la base
de la partie B, par quelques points de colle.

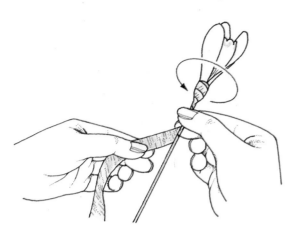

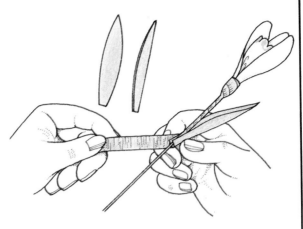

7 Gainez la base des pétales de ruban crépon vert, pour les maintenir en place, et continuez à enrouler sur la tige jusqu'à environ 3 cm sous la fleur.

8 Placez le calice à 2-3 cm sous la fleur, plié en deux dans le sens de la longueur et embrassant ainsi la tige. Continuez à gainer la tige jusqu'à la base.

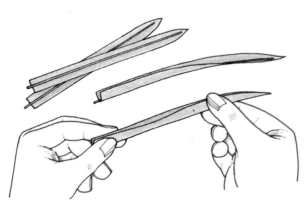

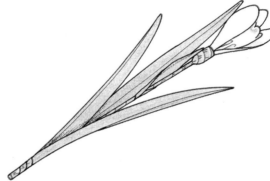

9 Pliez les feuilles en deux dans la longueur, la tige métallique étant à l'intérieur.

10 Assurez-vous que les feuilles ne sont pas plus longues que la fleur et fixez la base autour de la tige avec du ruban adhésif vert. Gainez la tige jusqu'à sa base pour obtenir une finition bien nette.

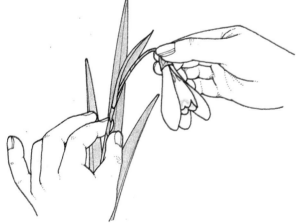

11 Enfin, recourbez délicatement la tige au-dessus du calice pour que les clochettes pendent gracieusement, comme les plantes naturelles.

12 Enfin, recourbez délicatement la tige au-dessus du calice pour que les clochettes pendent gracieusement, comme les vraies plantes.

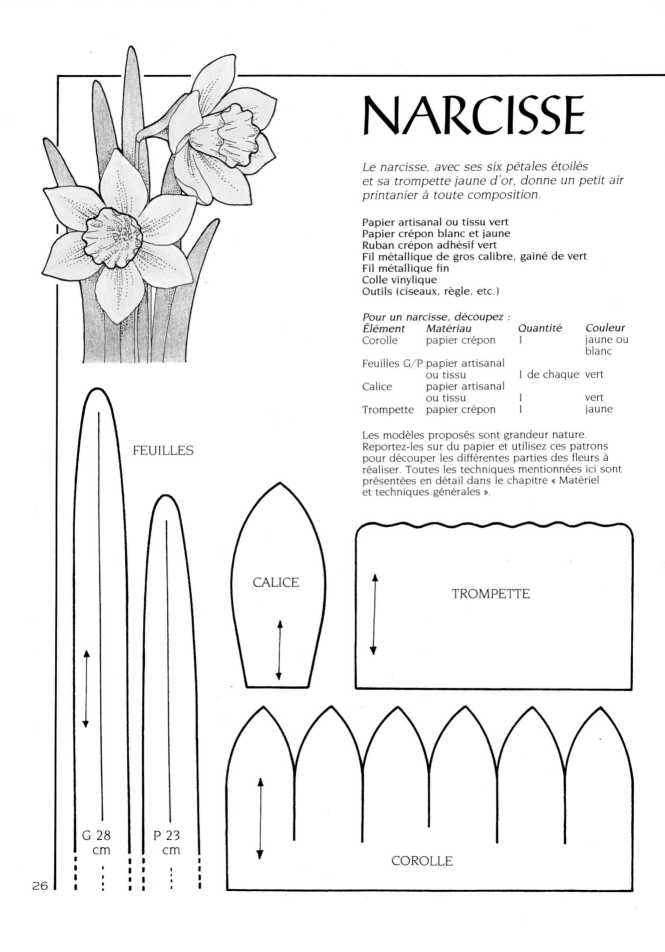

NARCISSE

*Le narcisse, avec ses six pétales étoilés
et sa trompette jaune d'or, donne un petit air
printanier à toute composition.*

Papier artisanal ou tissu vert
Papier crépon blanc et jaune
Ruban crépon adhésif vert
Fil métallique de gros calibre, gainé de vert
Fil métallique fin
Colle vinylique
Outils (ciseaux, règle, etc.)

Pour un narcisse, découpez :

Élément	Matériau	Quantité	Couleur
Corolle	papier crépon	1	jaune ou blanc
Feuilles G/P	papier artisanal ou tissu	1 de chaque	vert
Calice	papier artisanal ou tissu	1	vert
Trompette	papier crépon	1	jaune

Les modèles proposés sont grandeur nature.
Reportez-les sur du papier et utilisez ces patrons
pour découper les différentes parties des fleurs à
réaliser. Toutes les techniques mentionnées ici sont
présentées en détail dans le chapitre « Matériel
et techniques générales ».

FEUILLES

CALICE

TROMPETTE

G 28 cm

P 23 cm

COROLLE

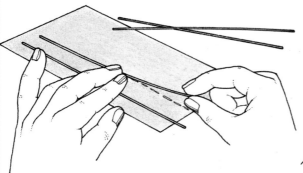

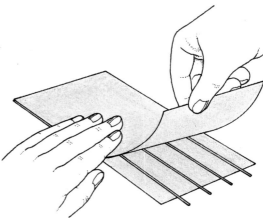

FEUILLES

1 Coupez deux longueurs de 28 cm de fil métallique de gros calibre (1,6-1,8 mm). Collez-les sur le tissu ou le papier vert, en les espaçant de 1,4 cm environ.

2 Collez un autre morceau de papier ou de tissu vert par-dessus, de façon à enserrer les armatures.

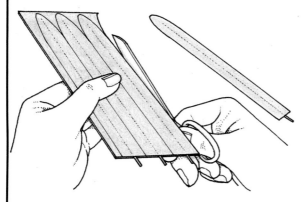

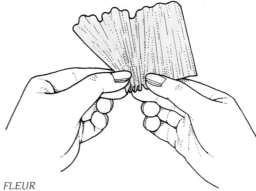

3 Quand les tiges sont bien collées, découpez les feuilles G et P. Si vous prévoyez de réaliser plusieurs narcisses, il est plus facile de préparer ainsi toutes les feuilles que de procéder individuellement.

FLEUR

4 Faites de petites fronces régulières à la base de la trompette, pour lui donner une forme en éventail.

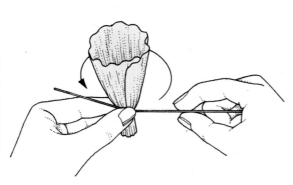

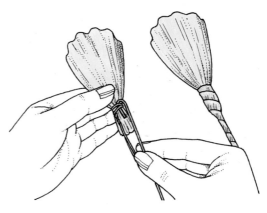

5 Sans défaire les fronces, fermez la trompette en rond, en faisant se chevaucher légèrement les deux bords. Maintenez la base de la trompette en passant une courte longueur de tige métallique fine (0,6 mm) autour des fronces, à environ 1 cm du bas, bien serrée.

6 Coupez une assez grande longueur de tige métallique de gros calibre pour la tige et formez un petit crochet au bout. Passez ce crochet dans l'attache de la trompette. Gainez la base de la trompette de ruban crépon adhésif, pour masquer et maintenir l'ensemble.

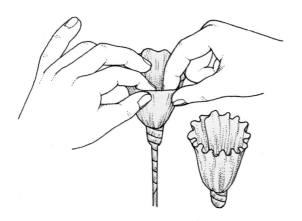

7 Ondulez le bord supérieur de la trompette.

8 Faites de petites fronces régulières à la base de la corolle, qui s'écarte ainsi en éventail.

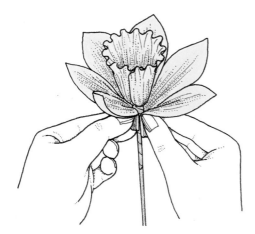

9 Répartissez les pétales de la corolle autour de la base de la trompette.

10 Gainez la base et le haut de la tige avec du ruban crépon adhésif, sur une longueur d'environ 3 cm.

ASSEMBLAGE

11 À 2 cm environ sous la base de la fleur, courbez délicatement la tige, pour qu'elle prenne l'inclinaison caractéristique des narcisses. Fixez le calice à sa base au niveau de la courbure et continuez à gainer la tige de ruban adhésif de fleuriste, jusqu'en bas.

12 Fixez de la même façon les feuilles autour de la tige, en les gainant à la base et en veillant à ce qu'elles ne dépassent pas la fleur en hauteur.

CERISIER DU JAPON

Les fleurs éphémères du cerisier du Japon sont emportées au moindre souffle de vent. La réalisation suivante est une façon de retenir le charme de cette brève floraison.

Papier artisanal ou tissu brun, rose pâle et vert olive
Ruban crépon adhésif vert olive et marron
Fil métallique de gros calibre (1,6-1,8 mm)
Fil métallique de moyen calibre (1-1,2 mm), gainé de vert
16 étamines jaunes
Coton hydrophile
Colle vinylique
Outils (ciseaux, règle, etc.)

Pour une branche de cerisier du Japon, découpez :

Élément	Matériau	Quantité	Couleur
Corolle	papier artisanal ou tissu	16	rose pâle
Feuille G	papier artisanal ou tissu	2	brun vert olive
Feuille P	papier artisanal ou tissu	2	vert olive
Bouton	papier artisanal ou tissu	8	rose pâle
Calice A	papier artisanal ou tissu	4	vert olive
Calice B	papier artisanal ou tissu	8	vert olive

Les modèles proposés sont grandeur nature. Reportez-les sur du papier et utilisez ces patrons pour découper les différentes parties des fleurs à réaliser. Toutes les techniques mentionnées ici sont présentées en détail dans le chapitre « Matériel et techniques générales ».

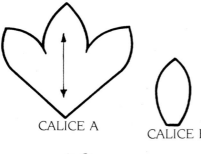

CALICE A

CALICE B

COROLLE

BOUTON FLORAL

FEUILLE P (petite)

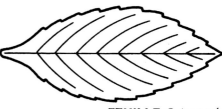

FEUILLE G (grande)

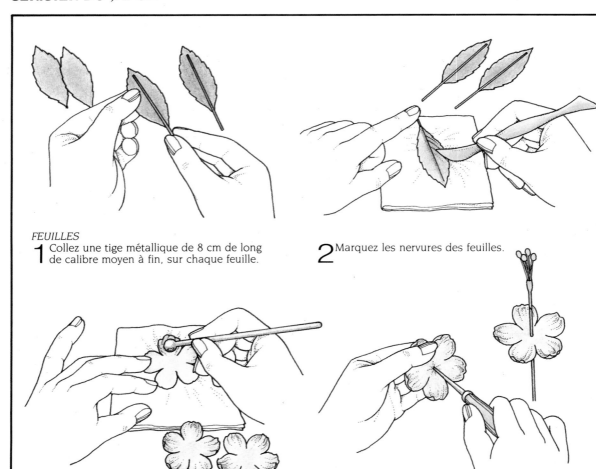

FEUILLES

1 Collez une tige métallique de 8 cm de long de calibre moyen à fin, sur chaque feuille.

2 Marquez les nervures des feuilles.

FLEURS

3 Faites bomber un à un les pétales de chaque corolle.

4 Préparez le centre de la fleur : une tige de 10 cm de calibre moyen, deux étamines et du ruban crépon vert olive. Percez un petit trou au centre de la corolle, en la tenant ouverte vers vous, et faites-la glisser par la base de la tige. Amenez le centre de la fleur au centre de la corolle.

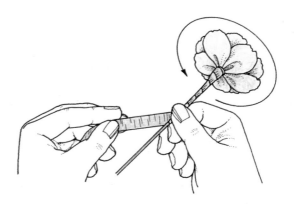

5 Percez un petit trou au centre d'une autre corolle. Placez délicatement cette deuxième rangée de pétales sous la première, en la décalant. Fixez les deux rangées de pétales par quelques points de colle, tout en pinçant le centre des corolles par-dessous pour les froncer.

6 Gainez toute la tige de la fleur depuis la base des pétales avec du ruban adhésif vert olive. Répétez les étapes 4 à 6 avec les autres étamines et corolles pour former de nouvelles fleurs.

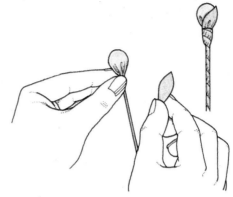

BOUTONS FLORAUX

7 Avec un peu de coton et une tige métallique (moyen calibre) de 10 cm, faites un petit pompon de la taille du bout d'un doigt. Couvrez entièrement le pompon de la pièce prévue pour un bouton.

8 Collez un calice B à la base du bouton floral. Gainez la tige depuis la base du bouton et du calice, pour bien les assembler, jusqu'à la base de la tige. Répétez les opérations 7 et 8 pour les autres bourgeons. Vous devez obtenir ainsi huit fleurs et huit boutons floraux.

ASSEMBLAGE

9 En veillant à ce qu'ils ne soient pas de la même hauteur, faites un petit bouquet avec deux feuilles P, deux boutons et une fleur, et gainez ensemble les tiges de ruban crépon.

10 Placez un calice A au point où toutes les tiges se rejoignent, coincez-le dans le ruban crépon et continuez à enrouler celui-ci vers le bas des tiges.

11 Préparez trois autres groupes, l'un composé de trois fleurs, deux boutons et un calice A ; les deux autres composés d'une feuille G, deux boutons, deux fleurs et un calice A.

12 Assemblez les quatre petits bouquets en les gainant sur une grande longueur de tige métallique de gros calibre, avec du ruban crépon marron, pour former une branche de cerisier.

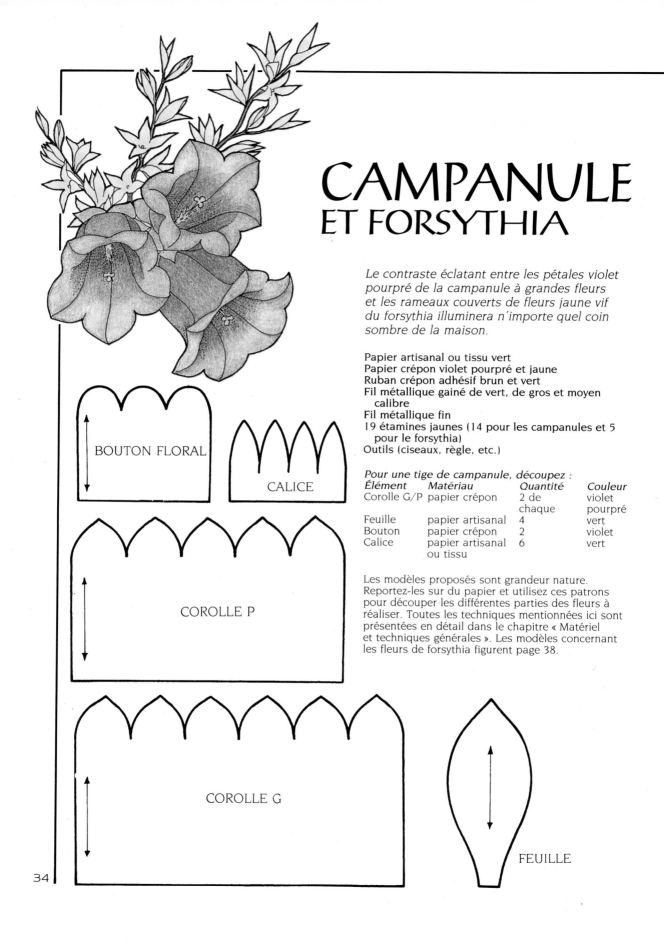

CAMPANULE
ET FORSYTHIA

Le contraste éclatant entre les pétales violet pourpré de la campanule à grandes fleurs et les rameaux couverts de fleurs jaune vif du forsythia illuminera n'importe quel coin sombre de la maison.

Papier artisanal ou tissu vert
Papier crépon violet pourpré et jaune
Ruban crépon adhésif brun et vert
Fil métallique gainé de vert, de gros et moyen calibre
Fil métallique fin
19 étamines jaunes (14 pour les campanules et 5 pour le forsythia)
Outils (ciseaux, règle, etc.)

Pour une tige de campanule, découpez :

Élément	Matériau	Quantité	Couleur
Corolle G/P	papier crépon	2 de chaque	violet pourpré
Feuille	papier artisanal	4	vert
Bouton	papier crépon	2	violet
Calice	papier artisanal ou tissu	6	vert

Les modèles proposés sont grandeur nature. Reportez-les sur du papier et utilisez ces patrons pour découper les différentes parties des fleurs à réaliser. Toutes les techniques mentionnées ici sont présentées en détail dans le chapitre « Matériel et techniques générales ». Les modèles concernant les fleurs de forsythia figurent page 38.

BOUTON FLORAL

CALICE

COROLLE P

COROLLE G

FEUILLE

CAMPANULE

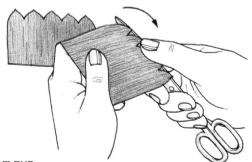

FLEUR

1 Enroulez le bord des pétales G et P sur des lames de ciseaux.

2 Faites de petites fronces régulières à la base d'une corolle, pour lui donner une forme d'éventail.

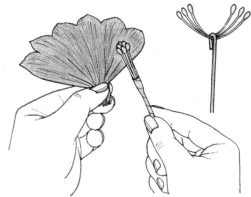

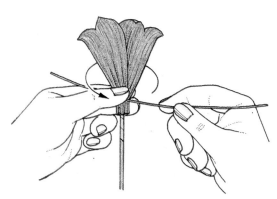

3 Préparez le centre de la fleur avec une tige de 8 cm de long, de calibre moyen, trois étamines et une longueur de ruban crépon vert. En veillant à ce que le bord de la corolle soit ouvert vers l'extérieur, placez le centre sur la corolle et enroulez celle-ci autour, en faisant se chevaucher légèrement les bords.

4 Fixez solidement une courte longueur de fil métallique fin autour de la base des pétales, à environ 1 cm au-dessus de la base, pour l'ancrer sur la tige.

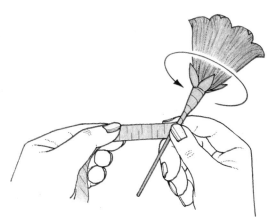

5 Placez le calice autour de la base de la fleur, en le maintenant par du ruban crépon adhésif enroulé sur environ 3 cm vers le bas de la tige.

6 À environ 2 cm de la base de la fleur, insérez une feuille, glissée autour de la tige, et continuez à gainer celle-ci de ruban crépon jusqu'à l'extrémité.

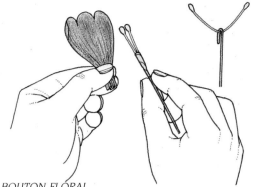

7 Ouvrez délicatement la corolle pour lui donner l'aspect d'une campanule ; répétez les étapes 2 à 7 pour les autres corolles.

BOUTON FLORAL

8 Préparez le centre, constitué d'une longueur de 8 cm de fil métallique de moyen calibre, d'une étamine et de ruban adhésif. Répétez les opérations 1 et 2. En veillant cette fois à ce que les bords de la corolle soient vers l'intérieur, placez le centre de la fleur sur la corolle.

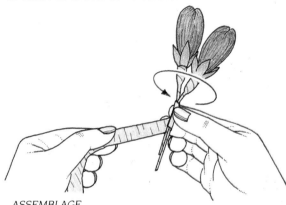

9 Disposez la corolle tout autour, en faisant se chevaucher légèrement les bords. Placez un calice à la base et enroulez le ruban crépon serré autour de la base du bouton floral, pour bien maintenir tous les éléments. Gainez la tige sur toute sa longueur. Préparez l'autre bouton floral. Vous devez avoir ainsi préparé deux petites fleurs, deux grandes et deux boutons floraux.

ASSEMBLAGE

10 Réunissez les tiges des boutons en les gainant ensemble, légèrement décalées en hauteur...

11 ... et ajoutez les fleurs une à une, à environ 2 cm d'intervalle, les petites d'abord...

12 ... puis les plus grandes. Continuez à gainer les tiges de ruban crépon jusqu'à leur base. Recourbez délicatement les fleurs vers le bas, comme les campanules aux clochettes pendantes.

FORSYTHIA

Pour un rameau de forsythia, découpez :
Corolles
G/P   papier crépon   4 de chaque jaune
Bouton   papier crépon   2   jaune

Les modèles proposés sont grandeur nature.
Reportez-les sur du papier et utilisez ces patrons
pour découper les différentes parties des fleurs
à réaliser. Toutes les techniques mentionnées ici
sont présentées en détail dans le chapitre « Matériel
et techniques générales ».

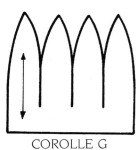

COROLLE P

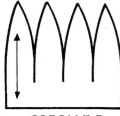

COROLLE G

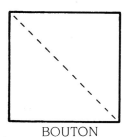

BOUTON

FORSYTHIA

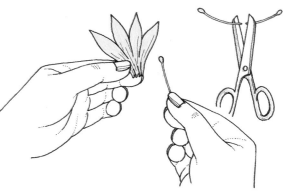

FLEUR
1 Coupez quatre étamines en deux. Faites de
petites fronces régulières à la base d'une corolle,
dont les pétales s'évasent alors en éventail. Placez
une demi-étamine au milieu.

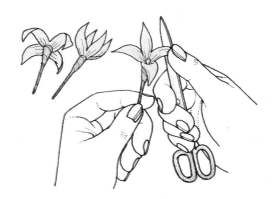

3 Enroulez les pétales des grandes fleurs vers
l'extérieur, ceux des petites fleurs vers l'intérieur.

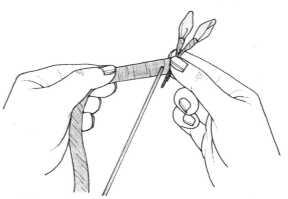

ASSEMBLAGE
5 Fixez les deux boutons floraux à l'extrémité
d'une tige métallique de gros calibre, avec
du ruban crépon adhésif marron enroulé vers
le bas...

TULIPE (page suivante)

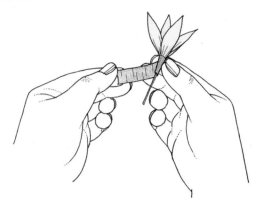

2 Entourez l'étamine de sa corolle, en faisant se chevaucher légèrement les bords. Maintenez l'ensemble en gainant la base de ruban crépon adhésif vert enroulé jusqu'à la base de l'étamine. Répétez les opérations 1 et 2 pour les autres corolles et étamines. Vous obtenez ainsi quatre petites fleurs et quatre plus grandes.

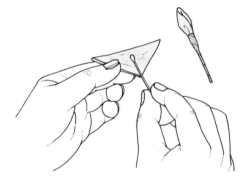

BOUTON FLORAL

4 Coupez en deux la dernière étamine et préparez deux boutons, chacun constitué d'une demi-étamine, d'un bouton et d'une longueur de ruban adhésif. Gainez l'ensemble jusqu'à la base de la tige de l'étamine.

6 ... et ajoutez les fleurs une à une à environ 2 cm d'intervalle, des plus petites aux plus grandes. Disposez les fleurs aussi naturellement que possible et gainez la tige jusqu'à la base.

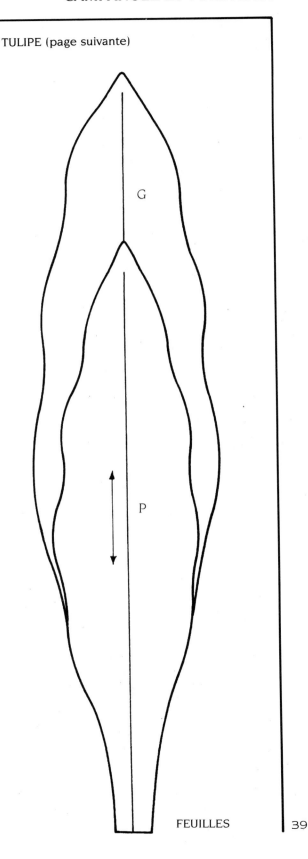

G

P

FEUILLES

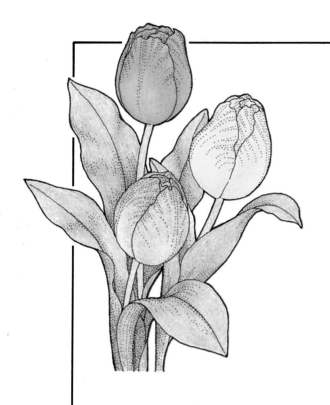

TULIPE

*Les fleurs tout à fait caractéristiques
de la tulipe, portées par une longue et sobre
tige, apportent une note d'élégance classique
à la pièce.*

Papier artisanal ou tissu vert et rose, ou de toute
    autre teinte de fleurs de tulipe
Ruban crépon adhésif vert clair
Fil métallique gainé de vert, de moyen et gros
    calibre
Quelques mouchoirs en papier
Un mouchoir en coton
Coton hydrophile
Colle vinylique
Outils (ciseaux, règle, etc.)

Pour une tulipe, découpez :

Élément	Matériau	Quantité	Couleur
Pétale G/P	papier artisanal ou tissu	3 de chaque	rose
Feuilles G/P	papier artisanal	1 de chaque	vert

Les modèles proposés sont grandeur nature.
Reportez-les sur du papier et utilisez ces patrons
pour découper les différentes parties des fleurs
à réaliser. Toutes les techniques mentionnées ici
sont présentées en détail dans le chapitre « Matériel
et techniques générales ».

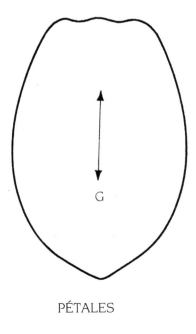

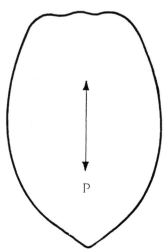

PÉTALES

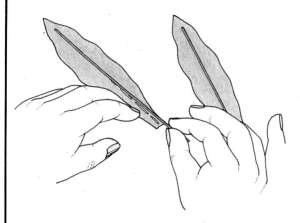

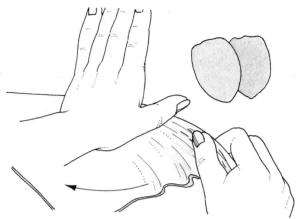

FEUILLES

1 Coupez deux longueurs de fil métallique de calibre moyen, juste un peu plus courtes que la longueur des feuilles. Collez ces tiges sur les feuilles correspondantes.

FLEUR

2 Froissez chaque pétale.

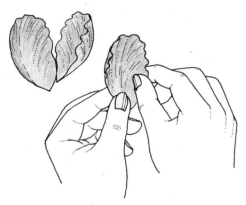

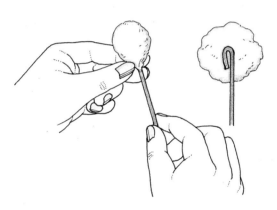

3 Ouvrez et faites bomber délicatement chaque pétale, tout en lui conservant son aspect froissé.

4 Sur une tige de 25 cm de fil métallique de gros calibre, recourbée en crochet au bout, façonnez un pompon de coton de l'épaisseur du pouce.

5 Recouvrez le pompon de ruban crépon adhésif, en conservant sa forme en boule, et fixez-le bien sur la tige. Continuez à gainer la tige vers le bas, sur environ 2 cm.

6 Collez les pétales P autour de la base du pompon, la face bombée vers l'extérieur, de telle façon qu'ils se chevauchent légèrement et évoquent un bouton floral bien compact.

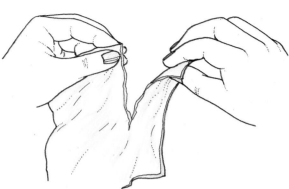

7 Répétez l'opération 6 avec les grands pétales (G), en les décalant par rapport aux petits pétales.

8 Déchirez les mouchoirs en papier dans leur longueur, en lanières d'environ 3 cm de large.

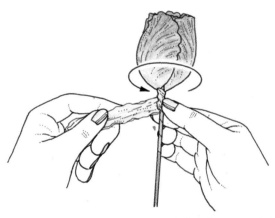

9 Pour imiter la tige charnue de la tulipe, épaississez-la en l'entourant de lanières de mouchoirs en papier.

10 En commençant juste sous la fleur, recouvrez la tige de ruban crépon pour bien masquer le papier, jusqu'en bas de la tige.

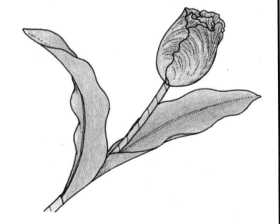

11 À environ 15 cm sous la fleur, insérez la feuille P autour de la tige et fixez-la par du ruban crépon, enroulé vers le bas...

12 ... et, environ 5 cm plus bas, insérez de la même façon la grande feuille G, puis enroulez le ruban crépon jusqu'au bas de la tige. Courbez légèrement les feuilles.

FREESIA

Les fleurs aux teintes délicates du freesia composent un bouquet tout de simplicité et de fraîcheur.

Papier crépon jaune
Ruban crépon adhésif vert clair
Fil métallique gainé de vert, de gros et moyen calibre
Fil métallique fin
8 étamines blanches
Encre ou teinture orange
Outils (ciseaux, règle, etc.)

Pour une tige de freesia, découpez :

Élément	Matériau	Quantité	Couleur
Pétales			
TG/G/M/P	papier crépon	1 de chaque	jaune
Bouton	papier crépon	1	jaune

Les modèles proposés sont grandeur nature. Reportez-les sur du papier et utilisez ces patrons pour découper les différentes parties des fleurs à réaliser. Toutes les techniques mentionnées ici sont présentées en détail dans les chapitres « Matériel et techniques générales », « Teinture et apprêt des matériaux ».

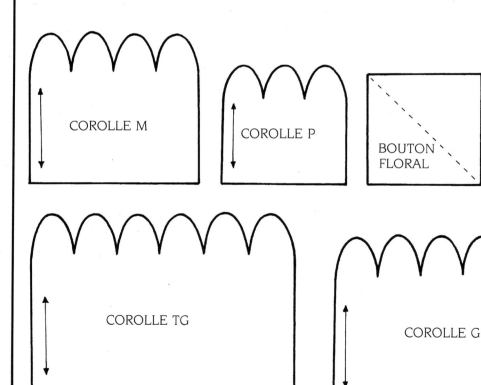

COROLLE M

COROLLE P

BOUTON FLORAL

COROLLE TG

COROLLE G

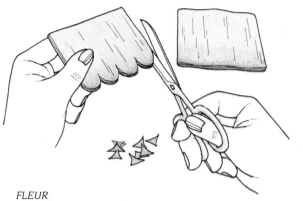 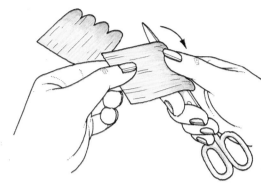

FLEUR

1 Utilisez la technique de teinture du papier crépon pour colorer une extrémité du papier. L'idéal est d'obtenir, de haut en bas, un dégradé allant de l'orangé au jaune. (Vous pouvez utiliser du pourpre, ou toute autre teinte des freesias.) Découpez les pétales et le bouton, en veillant à ce que l'orangé soit en haut des pétales.

2 Enroulez vers l'extérieur l'extrémité des pétales TG, G et M, vers l'intérieur les pétales P.

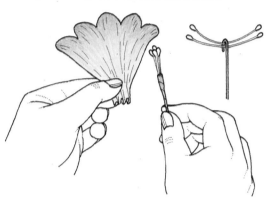 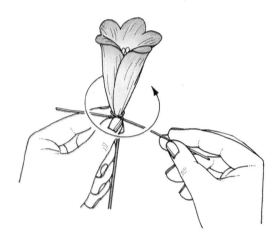

3 Préparez le centre d'une fleur avec 6 cm de fil métallique de moyen calibre, deux étamines et du ruban crépon adhésif. Faites de petites fronces régulières à la base des pétales G, qui s'ouvrent ainsi en éventail.

4 Placez le centre sur les pétales G, en veillant à ce que leur extrémité soit bien recourbée vers l'extérieur. Enroulez les pétales autour du centre, en faisant se chevaucher légèrement les bords. Liez la base de la fleur avec une courte longueur de fil métallique fin, à environ 1 cm de la base des pétales, et ancrez le lien sur la tige.

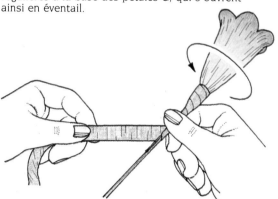 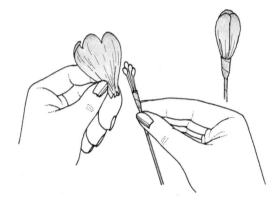

5 Gainez la base de la fleur pour masquer le lien, et continuez à enrouler le ruban crépon jusqu'au bas de la tige. Répétez les étapes 3 à 5 avec les pétales TG, M et P.

6 Pour la petite fleur P, veillez à ce que l'extrémité des pétales soit enroulée vers l'intérieur.

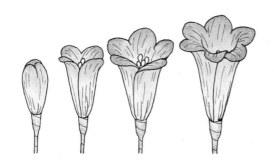

7 Vous devez obtenir quatre fleurs.

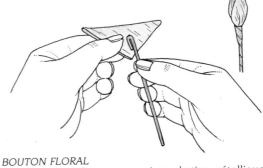

BOUTON FLORAL

8 Préparez un bouton avec 6 cm de tige métallique de calibre moyen, l'élément découpé et du ruban crépon. Gainez la tige de la base du bouton, pour le maintenir, jusqu'en bas.

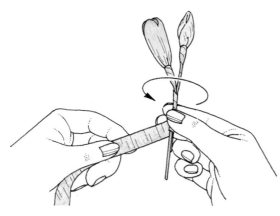

ASSEMBLAGE

9 À environ 2 cm de la base du bouton floral, insérez la petite fleur (P) en l'assemblant avec du ruban crépon enroulé vers le bas...

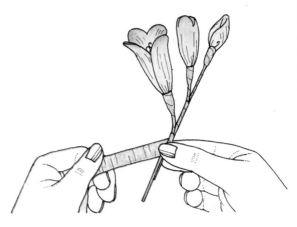

10 ... ajoutez ainsi les autres fleurs, de plus en plus grandes, à environ 2 cm d'intervalle...

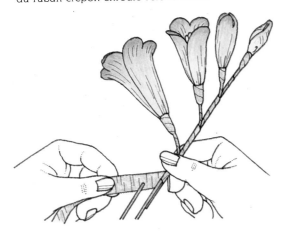

11 ... jusqu'à la plus grande (TG). Il sera peut-être nécessaire de rallonger la tige par une autre longueur de fil métallique. Dans ce cas, enroulez le ruban crépon jusqu'à la base de la tige.

12 Arquez légèrement la tige entre les fleurs, pour bien rendre le port naturel du freesia.

ŒILLET

L'œillet est une fleur à la fois simple à réaliser et faisant beaucoup d'effet. Il a l'avantage de pouvoir figurer dans toutes sortes de réalisations, des boutonnières aux centres de table.

Papier artisanal ou tissu vert clair et jaune
Ruban crépon adhésif vert clair
Fil métallique gainé de vert, de gros calibre
Fil métallique fin
Coton
Outils (ciseaux, règle, etc.)

Pour un œillet et une fleur en bouton, découpez :

Élément	Matériau	Quantité	Couleur
Corolle	papier artisanal ou tissu	8	jaune
Feuille	papier artisanal ou tissu	4	vert clair
Calice	papier artisanal ou tissu	1	vert clair

Les modèles proposés sont grandeur nature. Reportez-les sur du papier et utilisez ces patrons pour découper les différentes parties des fleurs à réaliser. Toutes les techniques mentionnées ici sont présentées en détail dans le chapitre « Matériel et techniques générales ».

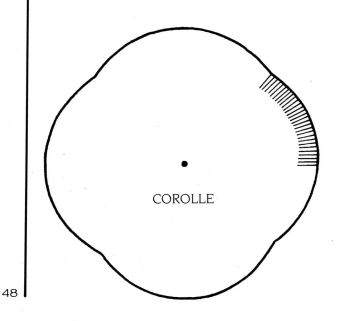

COROLLE

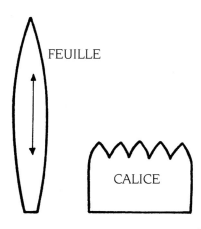

FEUILLE

CALICE

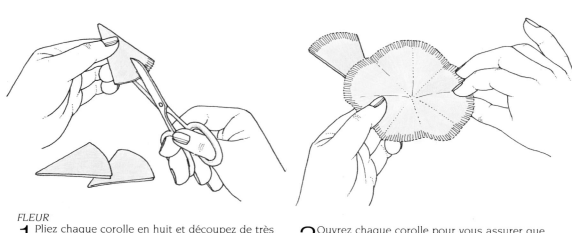

FLEUR

1 Pliez chaque corolle en huit et découpez de très fines franges au bord des pétales.

2 Ouvrez chaque corolle pour vous assurer que le bord est uniformément frangé. Si ce n'est pas le cas, recoupez de nouvelles franges.

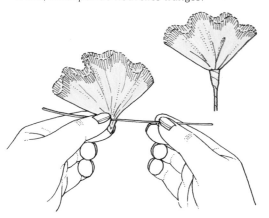

3 Pliez un pétale en deux et faites de petites fronces régulières au centre du côté plié.

4 Avec une courte tige de fil métallique fin, maintenez les fronces de la corolle, à environ 1 cm de la base. Enroulez serré les deux extrémités de la tige métallique pour bien maintenir les fronces, puis gainez cette ligature de ruban crépon pour la masquer, jusqu'à la base de l'attache. Répétez les opérations 3 et 4 avec les autres corolles.

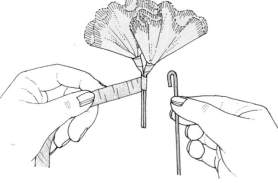

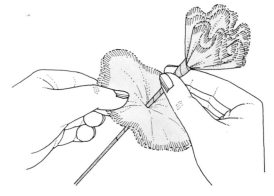

5 Coupez 8 cm de tige métallique de gros calibre et faites un petit crochet au bout. Avec du ruban crépon, réunissez deux corolles à la base et ancrez la tige métallique entre les deux. Passez le ruban adhésif sur les tiges des corolles et sur la tige de support, et gainez l'ensemble sur environ 2 cm.

6 Passez la tige de support à travers deux autres corolles, au centre, que vous amènerez juste sous les deux premières.

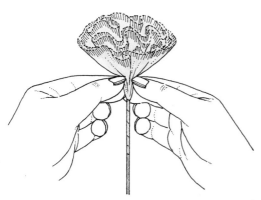

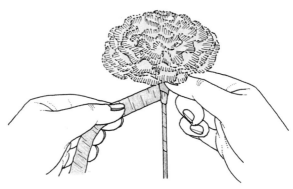

7 Resserrez les deux corolles à leur base pour bien les froncer et maintenez les fronces par du ruban crépon adhésif, qui fixe également les corolles sur la tige.

8 Répétez les opérations 6 et 7 avec les dernières corolles.

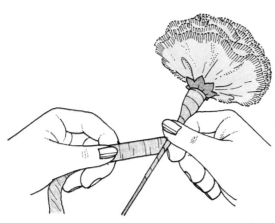

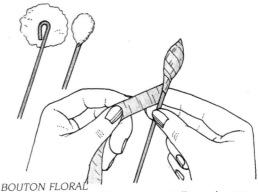

9 Placez le calice autour de la base de la fleur terminée et gainez l'ensemble jusqu'à la base de la tige.

BOUTON FLORAL

10 À l'extrémité d'une tige métallique de gros calibre, de 10 cm de longueur, préparez un petit pompon allongé de la grosseur du bout du petit doigt, avec un peu de coton. Recouvrez-le de ruban crépon adhésif, en gardant sa forme oblongue, et fixez-le ainsi sur la tige. Enroulez le ruban vers le bas.

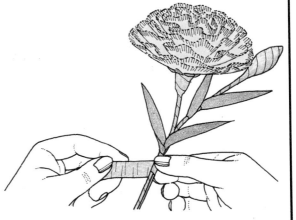

ASSEMBLAGE

11 À environ 3 cm de la base du bouton floral, insérez une feuille sur la tige, glissée à la base dans le ruban adhésif, puis une autre 1 cm plus bas. Continuez à gainer la tige et placez la fleur de telle sorte qu'elle arrive à peu près à la même hauteur que le bouton floral. Continuez d'enrouler le ruban crépon autour des tiges...

12 ... et placez les feuilles restantes de part et d'autre de la tige, au point où les tiges du bouton et de la fleur se rejoignent. Gainez la tige jusqu'en bas et arquez légèrement fleur et bouton pour leur donner une allure naturelle.

OISEAU DE PARADIS ET EUCALYPTUS

La beauté exotique de cette composition associant oiseaux de paradis et feuillage d'eucalyptus fait entrer dans la maison un souffle d'éternel été.

Papier crépon vert, orangé, violet pourpré et jaune
Papier artisanal ou tissu vert bronze ou gris
Ruban crépon adhésif vert et vert bronze ou gris
Fil métallique de gros calibre
Fil métallique gainé de blanc, de petit calibre
Feutre violet pourpré et jaune
Quelques mouchoirs en papier
Colle vinylique
Outils (ciseaux, règle, etc.)

Pour une fleur d'oiseau de paradis, découpez :

Élément	Matériau	Quantité	Couleur
Pétale A	papier crépon	3	violet
Pétale B	papier crépon	3	jaune
Pétale C	papier crépon	7	orange
Calice	papier crépon	2	vert

Les modèles des pétales B et C de l'oiseau de paradis sont présentés page 54.

Pour un rameau d'eucalyptus, découpez :

Élément	Matériau	Quantité	Couleur
Feuille G	papier artisanal ou tissu	16	vert bronze
Feuille P	papier artisanal ou tissu	2	vert bronze

Les modèles proposés (page 54) sont grandeur nature. Reportez-les sur du papier et utilisez ces patrons pour découper les différentes parties des fleurs à réaliser. Toutes les techniques mentionnées ici sont présentées en détail dans le chapitre « Matériel et techniques générales ».

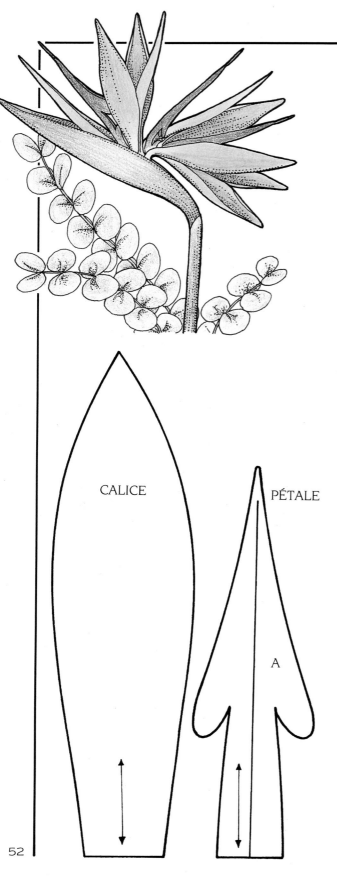

CALICE

PÉTALE

A

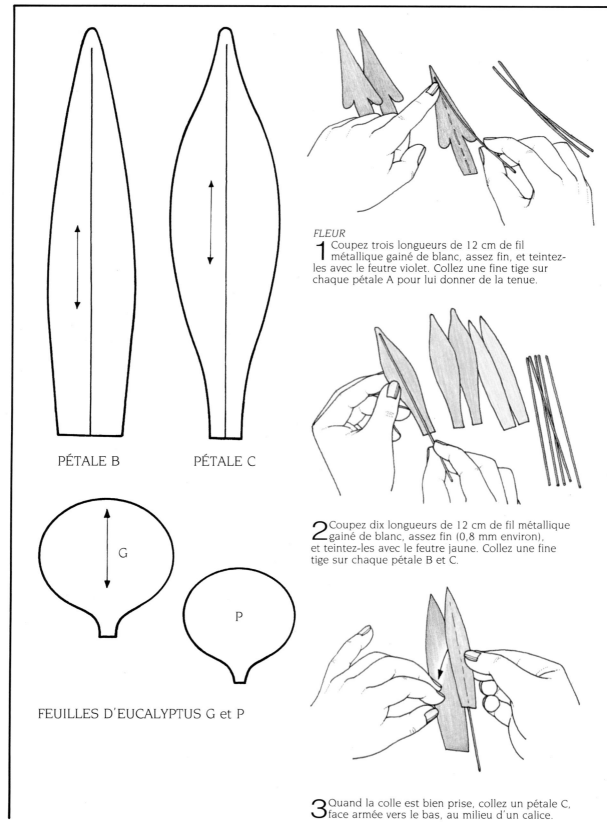

PÉTALE B   PÉTALE C

FEUILLES D'EUCALYPTUS G et P

FLEUR

1 Coupez trois longueurs de 12 cm de fil métallique gainé de blanc, assez fin, et teintez-les avec le feutre violet. Collez une fine tige sur chaque pétale A pour lui donner de la tenue.

2 Coupez dix longueurs de 12 cm de fil métallique gainé de blanc, assez fin (0,8 mm environ), et teintez-les avec le feutre jaune. Collez une fine tige sur chaque pétale B et C.

3 Quand la colle est bien prise, collez un pétale C, face armée vers le bas, au milieu d'un calice.

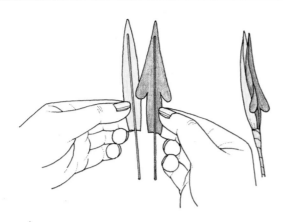

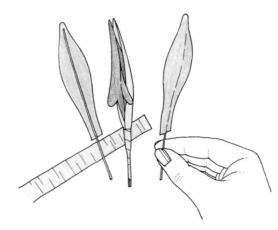

4 En plaçant les faces tigées vers le haut, posez un pétale A sur un pétale B. Assemblez les pétales à leur base avec du ruban crépon adhésif vert.

5 En plaçant les faces tigées vers l'intérieur, disposez deux pétales C de part et d'autre de l'ensemble A B.

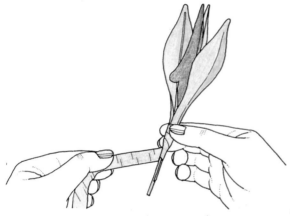

6 Assemblez AB et les deux pétales C en liant leur base avec du ruban crépon. Vous obtenez ainsi un groupe de pétales. Répétez les opérations 4 à 6 avec les autres pétales A, B et C.

7 Coupez une longueur de 30 cm de fil métallique de gros calibre et faites un petit crochet au bout. Assemblez les trois groupes de pétales, légèrement décalés vers le bas, avec du ruban crépon et ancrez la tige juste au-dessus du dernier groupe. Gainez l'ensemble vers le bas...

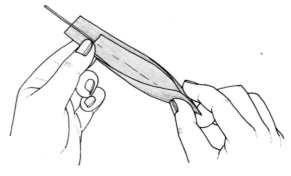

8 ... ce qui fixe les groupes de pétales sur la tige métallique. Enroulez le ruban crépon un peu plus bas.

9 Collez juste les bords de l'extrémité du calice, toujours avec le pétale C à l'intérieur.

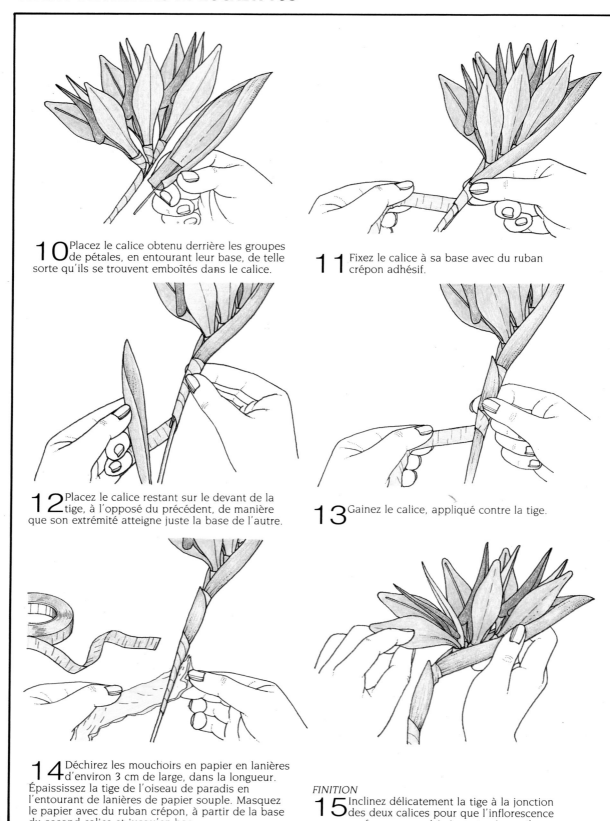

10 Placez le calice obtenu derrière les groupes de pétales, en entourant leur base, de telle sorte qu'ils se trouvent emboîtés dans le calice.

11 Fixez le calice à sa base avec du ruban crépon adhésif.

12 Placez le calice restant sur le devant de la tige, à l'opposé du précédent, de manière que son extrémité atteigne juste la base de l'autre.

13 Gainez le calice, appliqué contre la tige.

14 Déchirez les mouchoirs en papier en lanières d'environ 3 cm de large, dans la longueur. Épaississez la tige de l'oiseau de paradis en l'entourant de lanières de papier souple. Masquez le papier avec du ruban crépon, à partir de la base du second calice et jusqu'en bas.

FINITION

15 Inclinez délicatement la tige à la jonction des deux calices pour que l'inflorescence prenne sa forme caractéristique, en éventail.

EUCALYPTUS

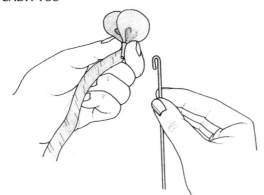

1 Coupez une bonne longueur de tige métallique
de gros calibre et faites un petit crochet au bout.
Froncez très légèrement le bas des feuilles P
et assemblez-les avec du ruban crépon vert bronze.
Ancrez le crochet entre les feuilles et assemblez
la tige et les feuilles avec le ruban crépon. Continuez
à l'enrouler vers le bas...

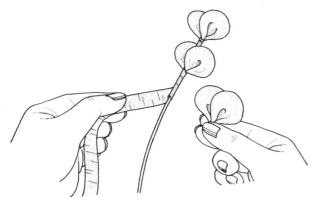

2 ... et ajoutez, tous les 3 cm environ, une paire
de feuilles G froncées à la base, maintenues par
le ruban crépon, jusqu'au bas de la tige métallique.

3 Écartez délicatement les feuilles de part
et d'autre de la tige et courbez gracieusement
celle-ci.

IRIS (page suivante)

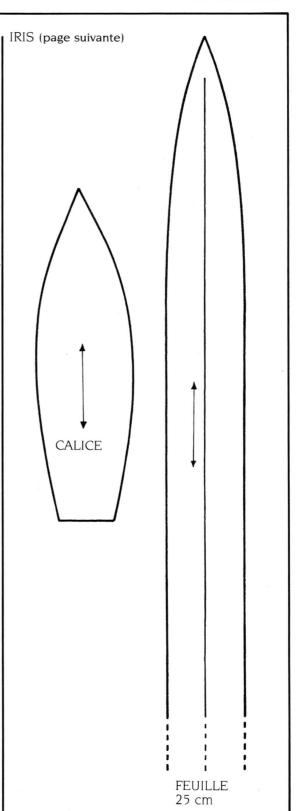

CALICE

FEUILLE
25 cm

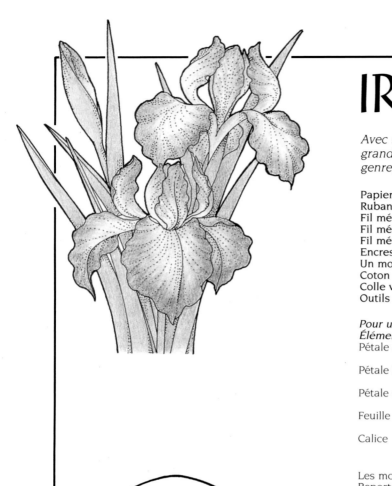

IRIS

Avec ses longues feuilles rubanées et ses grandes fleurs violet pâle, uniques en leur genre, l'iris est toujours annonciateur de l'été.

Papier artisanal ou tissu blanc et vert
Ruban crépon adhésif vert
Fil métallique de gros calibre
Fil métallique de gros calibre gainé de vert
Fil métallique de moyen calibre gainé de blanc
Encres ou teintures bleu clair, pourpre et jaune
Un mouchoir en coton
Coton
Colle vinylique
Outils (ciseaux, règle, etc.)

Pour une fleur et un bouton floral, découpez :

Élément	Matériau	Quantité	Couleur
Pétale A	papier artisanal ou tissu	3	blanc
Pétale B	papier artisanal ou tissu	3	blanc
Pétale C	papier artisanal ou tissu	5	blanc
Feuille	papier artisanal ou tissu	4	vert
Calice	papier artisanal ou tissu	2	vert

Les modèles proposés sont grandeur nature. Reportez-les sur du papier et utilisez ces patrons pour découper les différentes parties des fleurs à réaliser. Toutes les techniques mentionnées ici sont présentées en détail dans les chapitres « Matériel et techniques générales », « Teinture et apprêt des matériaux ». Les patrons des feuilles et du calice de l'iris sont représentés page 57.

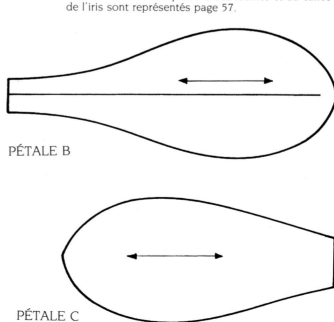

PÉTALE B

PÉTALE A

PÉTALE C

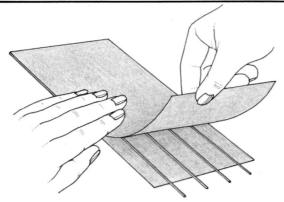

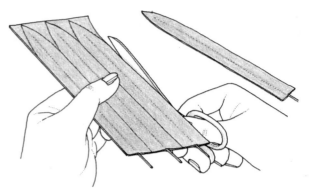

FEUILLES

1 Coupez quatre longueurs de 25 cm de fil métallique de gros calibre (1,6-1,8 mm) et collez-les sur le papier ou le tissu vert, à environ 2 cm d'intervalle. Collez par-dessus un morceau de même taille et du même matériau.

2 Lorsque les tiges métalliques sont bien collées entre les deux épaisseurs du matériau, découpez les feuilles.

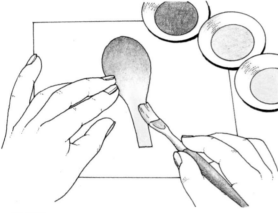

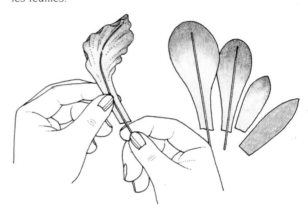

FLEUR

3 Utilisez la technique de teinture en dégradé pour teindre les pétales un par un. La coloration recherchée est, du haut vers la base du pétale, du pourpre passant progressivement au bleu clair, une petite zone blanche, puis du jaune.

4 Coupez six longueurs de 11 cm de fil métallique de moyen calibre et collez-les au centre des pétales A et B, quand la teinture est bien sèche. Chiffonnez les pétales A, B, C et les calices.

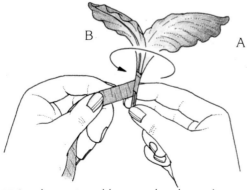

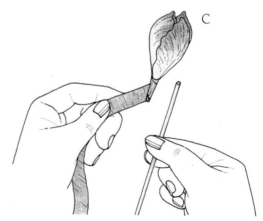

5 Accolez et assemblez avec du ruban crépon adhésif un pétale A et un pétale B, faces tigées vers l'extérieur. Répétez cette opération avec les autres pétales A et B, de façon à obtenir deux autres groupes.

CENTRE DE L'IRIS

6 Assemblez trois pétales C, face en coupe vers l'intérieur, de façon qu'ils forment un bouton renflé et clos. Fixez-les avec du ruban crépon sur une extrémité d'une tige métallique assez longue, de gros calibre.

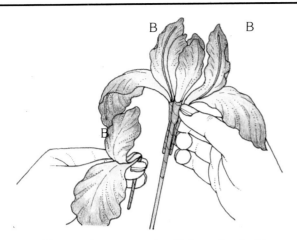

7 Disposez les groupes de pétales préparés par cinq autour du centre de la fleur, en veillant à ce que les pétales B soient tournés vers l'intérieur.

8 Placez un calice, face en coupe vers l'intérieur, entre deux groupes de pétales. Fixez le calice à sa base sur le haut de la tige, avec du ruban crépon adhésif, à enrouler jusqu'au bas de la tige.

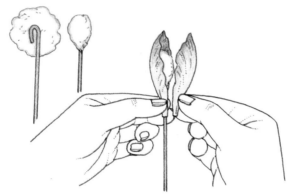

BOUTON FLORAL

9 Préparez un pompon de la taille de l'extrémité du pouce, avec du coton entouré sur une extrémité de tige métallique de gros calibre. Placez les pétales C restants autour du pompon, face en coupe vers l'intérieur, et maintenez-les par du ruban adhésif pour former un bouton serré. Enroulez le ruban crépon...

10 ... et ajoutez l'autre calice à la base du bouton, face en coupe vers l'intérieur. Continuez à gainer la tige de ruban crépon jusqu'en bas.

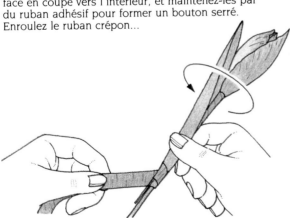

11 Disposez les deux feuilles sur la tige, en les décalant et en veillant à ce qu'elles ne dépassent pas au-dessus du bouton floral. Finissez de gainer la tige.

12 De même, sans qu'elles dépassent de la fleur, placez les autres feuilles sur la tige de la fleur en les entourant de ruban crépon à la base et gainez la tige jusqu'en bas.

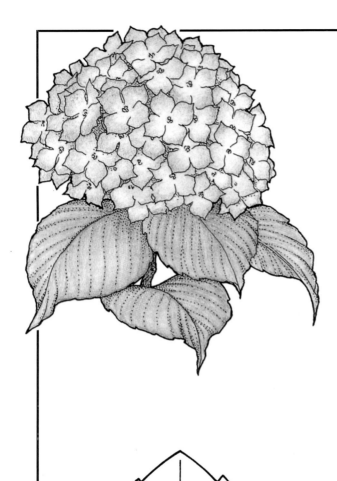

HORTENSIA

*Les grosses « têtes » de fleurs pastel
et les grandes feuilles dentées, ovales,
de l'hortensia sont très faciles à réaliser.*

Papier artisanal ou tissu vert et blanc
Ruban crépon adhésif vert clair et vert olive
Fil métallique gainé de vert, de gros et moyen
   calibre
80 étamines jaunes
Encres ou teintures bleu, rose, pourpre et jaune
Colle vinylique
Outils (ciseaux, règle, etc.)
Avant de découper les pétales, teignez le matériau
   blanc, tissu ou papier, aux teintes de l'hortensia

Pour un hortensia, découpez :

Élément	Matériau	Quantité	Couleur
Pétale G	papier artisanal ou tissu	32	hortensia
Pétale M	papier artisanal ou tissu	32	hortensia
Pétale P	papier artisanal ou tissu	16	hortensia
Feuilles G/M/P	papier artisanal ou tissu	2 de chaque	vert

Les modèles proposés sont grandeur nature.
Reportez-les sur du papier et utilisez ces patrons
pour découper les différentes parties des fleurs à
réaliser. Toutes les techniques mentionnées ici sont
présentées en détail dans les chapitres « Matériel
et techniques générales » et « Teinture et apprêt
des matériaux ».

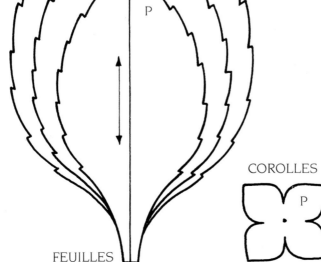

G

M

P

FEUILLES

COROLLES

P

M

G

HORTENSIA

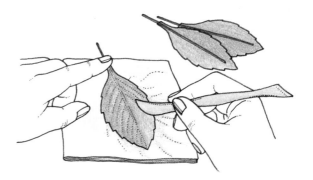

FEUILLES

1 Coupez six longueurs de fil métallique
de moyen calibre, juste un peu plus courtes
que les feuilles. Collez-en une sur chaque feuille
de taille correspondante pour les tiger.

2 Marquez les nervures des feuilles.

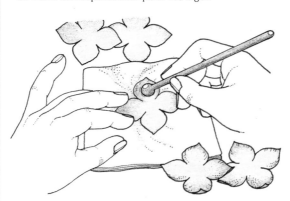

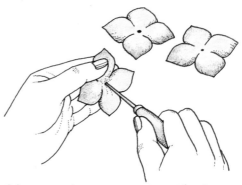

4 Avec un poinçon ou un autre outil pointu,
perforez délicatement le centre de chaque
corolle.

FLEUR

3 Faites bomber chaque petite corolle.

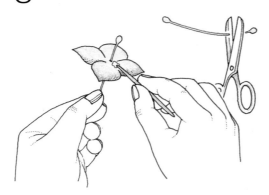

6 Assemblez quatre corolles P avec le ruban
crépon adhésif vert pâle, en un petit groupe
de fleurons. Préparez ainsi trois autres groupes
de corolles P.

5 Supprimez l'extrémité d'une étamine. La face
bombée étant dirigée vers le bas, placez un peu
de colle autour du trou central d'une corolle. Passez
la tige de l'étamine dans ce trou, de manière que
le bout renflé soit bien au centre. Répétez cette
opération avec toutes les corolles, sans mélanger
les différentes tailles.

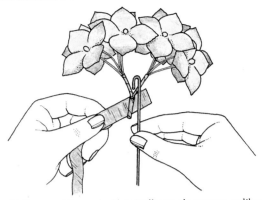

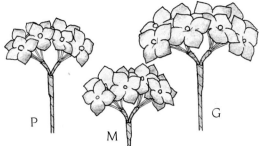

7 Coupez 12 cm de fil métallique de moyen calibre et faites un petit crochet au bout. Réunissez deux petits bouquets de corolles avec du ruban crépon et ancrez la tige métallique entre les deux. Gainez l'ensemble de ruban crépon, jusqu'au bas de la petite tige, pour former une inflorescence. Répétez cette opération avec les autres groupes de petites corolles.

8 En veillant bien à ne pas mélanger les différentes tailles de fleurons, répétez les étapes 6 et 7 avec les corolles M et G. Tout ce patient travail devrait aboutir à deux inflorescences de petites corolles, quatre de corolles moyennes, quatre de grandes corolles.

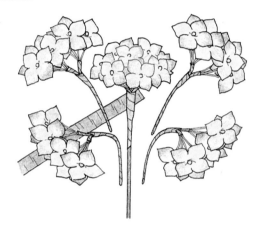

ASSEMBLAGE

9 Coupez une assez grande longueur de tige métallique de gros calibre et faites un petit crochet au bout. À environ 3 cm sous les fleurs, assemblez les deux petites inflorescences avec du ruban crépon et ancrez la tige entre elles. Gainez l'ensemble en enroulant le ruban, jusqu'à 4 cm plus bas environ.

10 Environ 3 cm plus bas que la jonction des tiges des petites corolles, placez les bouquets de moyennes corolles (soit 6 cm sous les fleurs elles-mêmes) et fixez-les sur la tige avec le ruban crépon vert olive. Courbez légèrement les tiges des bouquets pour que les corolles M entourent bien les corolles P.

11 Au point de jonction entre la tige principale et les fleurs de taille moyenne, répétez l'étape 10 avec les grandes corolles, pour former l'inflorescence en boule caractéristique de l'hortensia. Continuez à gainer la tige vers le bas...

12 ... et ajoutez les feuilles une à une espacées de 4 cm environ, des plus petites aux plus grandes. Enroulez le ruban crépon jusqu'à la base de la tige et écartez les feuilles de la tige.

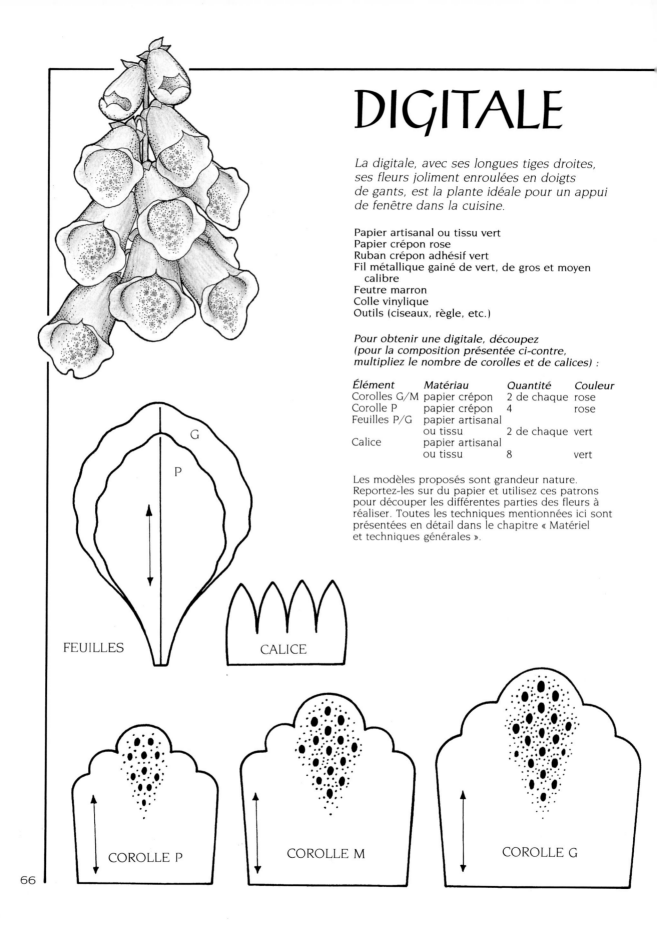

DIGITALE

La digitale, avec ses longues tiges droites, ses fleurs joliment enroulées en doigts de gants, est la plante idéale pour un appui de fenêtre dans la cuisine.

Papier artisanal ou tissu vert
Papier crépon rose
Ruban crépon adhésif vert
Fil métallique gainé de vert, de gros et moyen
   calibre
Feutre marron
Colle vinylique
Outils (ciseaux, règle, etc.)

*Pour obtenir une digitale, découpez
(pour la composition présentée ci-contre,
multipliez le nombre de corolles et de calices) :*

Élément	Matériau	Quantité	Couleur
Corolles G/M	papier crépon	2 de chaque	rose
Corolle P	papier crépon	4	rose
Feuilles P/G	papier artisanal ou tissu	2 de chaque	vert
Calice	papier artisanal ou tissu	8	vert

Les modèles proposés sont grandeur nature. Reportez-les sur du papier et utilisez ces patrons pour découper les différentes parties des fleurs à réaliser. Toutes les techniques mentionnées ici sont présentées en détail dans le chapitre « Matériel et techniques générales ».

G
P

FEUILLES

CALICE

COROLLE P

COROLLE M

COROLLE G

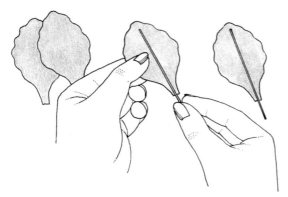

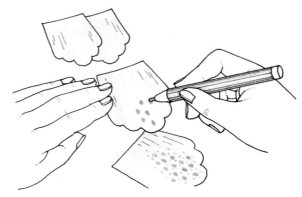

FEUILLES

1 Collez sur chaque feuille une tige métallique de calibre moyen, de 10 cm de long.

FLEUR

2 Comme illustré ci-dessus, marquez au feutre chaque corolle de taches brunes.

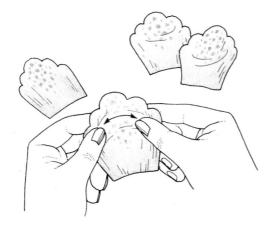

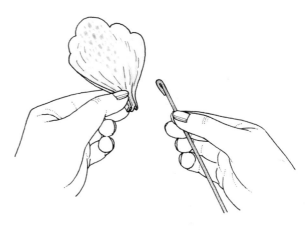

3 La face mouchetée étant dirigée vers le haut, étirez les pétales M et G dans la largeur pour les faire bomber.

4 La face mouchetée étant également dirigée vers le haut, faites de petites fronces régulières à la base d'une corolle M, pour former un éventail. Coupez 6 cm de tige métallique de moyen calibre et faites un crochet au bout. Placez le crochet sur la base de la corolle.

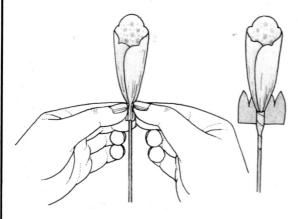

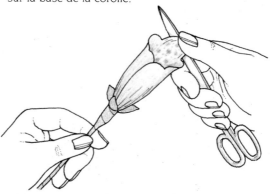

5 Enroulez la base de la corolle autour du crochet, de telle sorte que les bords se chevauchent légèrement. Maintenez le tout par du ruban adhésif. Placez un calice à la base de la fleur et continuez à gainer la tige de ruban crépon jusqu'en bas.

6 Enroulez le bord des pétales vers l'extérieur. Répétez les étapes 4 à 6 avec les autres corolles M et G.

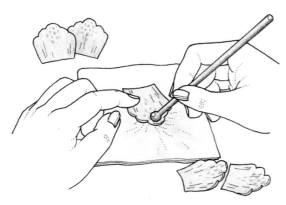

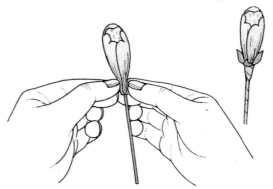

7 La face mouchetée étant dirigée vers le haut, faites bomber les corolles P.

8 Répétez les opérations 4 et 5 avec les pétales P.

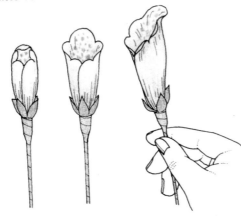

9 Vous devez avoir préparé ainsi quatre petites fleurs, deux moyennes et deux grandes.

ASSEMBLAGE

10 Fixez deux petites fleurs, légèrement décalées, à l'extrémité d'une tige métallique de gros calibre assez longue, avec du ruban crépon enroulé vers le bas...

11 ... et ajoutez les autres fleurs (bords superposés de la corolle côté tige), à environ 1 cm d'intervalle, des plus petites aux plus grandes. Tout en gainant la tige, ajoutez alors les feuilles, des petites aux grandes (P à G), et finissez de gainer la tige.

FINITION

12 Écartez les feuilles de la tige et recourbez délicatement les fleurs vers le bas pour qu'elles révèlent leurs mouchetures.

CLÉMATITE

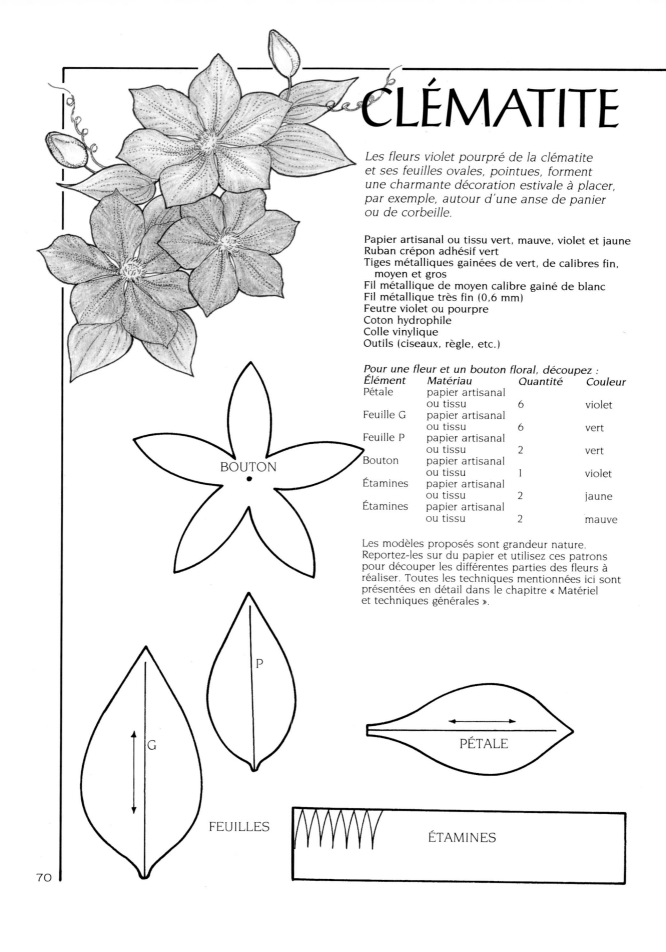

Les fleurs violet pourpré de la clématite
et ses feuilles ovales, pointues, forment
une charmante décoration estivale à placer,
par exemple, autour d'une anse de panier
ou de corbeille.

Papier artisanal ou tissu vert, mauve, violet et jaune
Ruban crépon adhésif vert
Tiges métalliques gainées de vert, de calibres fin,
  moyen et gros
Fil métallique de moyen calibre gainé de blanc
Fil métallique très fin (0,6 mm)
Feutre violet ou pourpre
Coton hydrophile
Colle vinylique
Outils (ciseaux, règle, etc.)

Pour une fleur et un bouton floral, découpez :

Élément	Matériau	Quantité	Couleur
Pétale	papier artisanal ou tissu	6	violet
Feuille G	papier artisanal ou tissu	6	vert
Feuille P	papier artisanal ou tissu	2	vert
Bouton	papier artisanal ou tissu	1	violet
Étamines	papier artisanal ou tissu	2	jaune
Étamines	papier artisanal ou tissu	2	mauve

Les modèles proposés sont grandeur nature.
Reportez-les sur du papier et utilisez ces patrons
pour découper les différentes parties des fleurs à
réaliser. Toutes les techniques mentionnées ici sont
présentées en détail dans le chapitre « Matériel
et techniques générales ».

BOUTON

P

G

PÉTALE

FEUILLES

ÉTAMINES

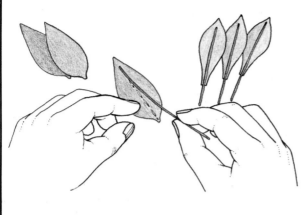

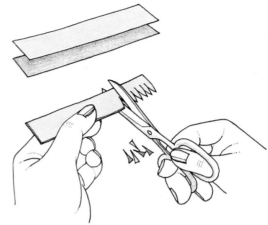

PÉTALES ET FEUILLES

1 Coupez six longueurs de 8 cm de fil métallique de moyen calibre, gainé de blanc, et teintez-les avec le feutre violet. Collez une tige sur chaque pétale. Collez une tige métallique de 8 cm, gainée de vert, de moyen calibre, sur chaque feuille.

ÉTAMINES

2 Préparez deux ensembles d'étamines, chacun constitué d'une bande jaune et d'une bande violette collées l'une contre l'autre. Découpez les étamines comme illustré ci-dessus.

BOUTON FLORAL

3 Préparez un pompon de la taille et de la forme d'une amande, avec un peu de coton entourant une tige métallique gainée de vert, de moyen calibre, de 8 cm de long.

4 Passez la tige du pompon au centre de la corolle du bouton.

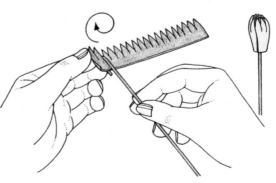

5 Avec un peu de colle, recouvrez le pompon des pétales repliés vers l'intérieur, en bouton.

FLEUR

6 Coupez 10 cm de fil métallique de gros calibre, vert, et faites un petit crochet au bout. Étalez un peu de colle à la base d'une bande d'étamines et ancrez le crochet à une extrémité. Enroulez la bande d'étamines autour du crochet, en serrant bien, la mauve à l'intérieur, la jaune à l'extérieur. Fixez l'extrémité par un point de colle. Repliez délicatement les étamines vers l'intérieur.

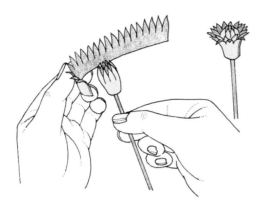

7 Étalez un peu de colle à la base de l'autre bande d'étamines et, toujours avec le mauve à l'intérieur et le jaune à l'extérieur, enroulez-la autour de la bande précédente. Fixez l'extrémité par un point de colle. Ouvrez délicatement ces étamines vers l'extérieur.

8 Les faces armées étant dirigées vers l'extérieur, placez les pétales un à un autour des étamines, en enroulant la base de fil métallique bien serré autour de la tige de la fleur.

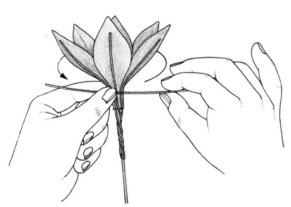

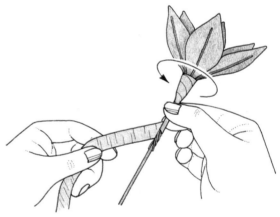

9 À environ 1 cm de la base des pétales, passez un lien métallique fin (0,6 mm) pour bien maintenir les pétales et les ancrer sur la tige.

10 Masquez ce lien métallique en gainant de ruban crépon adhésif la base des pétales et la tige jusqu'à son extrémité.

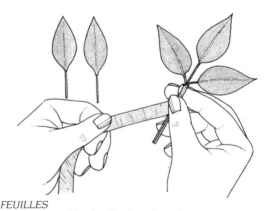

11 Ouvrez délicatement les pétales comme les vraies fleurs de clématite.

FEUILLES

12 Assemblez les feuilles G en deux groupes de trois avec du ruban crépon, face armée vers le bas.

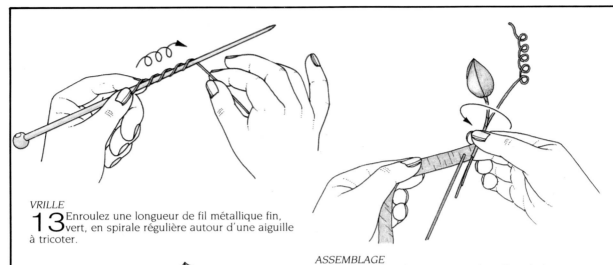

VRILLE

13 Enroulez une longueur de fil métallique fin, vert, en spirale régulière autour d'une aiguille à tricoter.

ASSEMBLAGE

14 Avec du ruban vert, fixez la vrille et le bouton floral à l'extrémité d'une tige métallique de 20 cm de longueur, la vrille étant légèrement au-dessus du bouton. Enroulez vers le bas...

15 ... et ajoutez les feuilles P, espacées d'environ 2 cm...

16 ... puis un groupe de feuilles G...

17 ... la fleur et, un peu plus bas, l'autre groupe de feuilles G. Continuez ainsi à gainer la tige jusqu'en bas, et disposez feuilles et fleur aussi naturellement que possible.

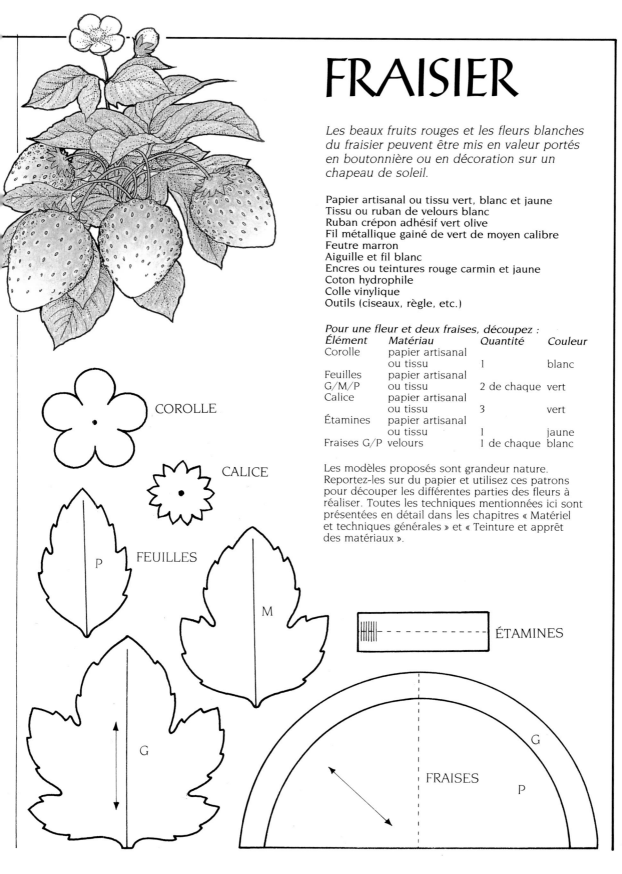

FRAISIER

Les beaux fruits rouges et les fleurs blanches du fraisier peuvent être mis en valeur portés en boutonnière ou en décoration sur un chapeau de soleil.

Papier artisanal ou tissu vert, blanc et jaune
Tissu ou ruban de velours blanc
Ruban crépon adhésif vert olive
Fil métallique gainé de vert de moyen calibre
Feutre marron
Aiguille et fil blanc
Encres ou teintures rouge carmin et jaune
Coton hydrophile
Colle vinylique
Outils (ciseaux, règle, etc.)

Pour une fleur et deux fraises, découpez :

Élément	Matériau	Quantité	Couleur
Corolle	papier artisanal ou tissu	1	blanc
Feuilles G/M/P	papier artisanal ou tissu	2 de chaque	vert
Calice	papier artisanal ou tissu	3	vert
Étamines	papier artisanal ou tissu	1	jaune
Fraises G/P	velours	1 de chaque	blanc

Les modèles proposés sont grandeur nature. Reportez-les sur du papier et utilisez ces patrons pour découper les différentes parties des fleurs à réaliser. Toutes les techniques mentionnées ici sont présentées en détail dans les chapitres « Matériel et techniques générales » et « Teinture et apprêt des matériaux ».

COROLLE

CALICE

FEUILLES

P

M

G

ÉTAMINES

FRAISES

G

P

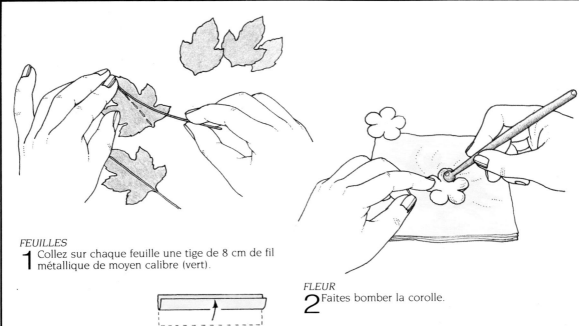

FEUILLES

1 Collez sur chaque feuille une tige de 8 cm de fil métallique de moyen calibre (vert).

FLEUR

2 Faites bomber la corolle.

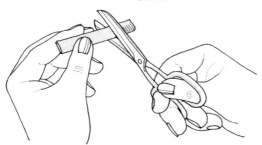

3 Repliez la bande d'étamines en deux dans sa largeur et frangez finement le bord plié. Veillez à ne pas couper jusqu'à l'autre bord.

4 Coupez 12 cm de fil métallique de calibre moyen et faites un petit crochet à un bout. Étalez un peu de colle à la base de la bande d'étamines et ancrez le crochet à une extrémité. Enroulez les étamines bien serrées autour de la tige et fixez l'extrémité par un point de colle.

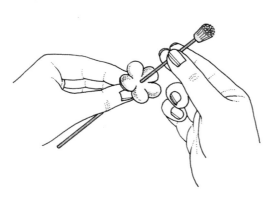

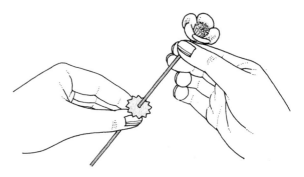

5 Étalez un peu de colle sous les étamines. La face découpée étant dirigée vers le haut, passez alors la tige des étamines au centre de la corolle, de façon que la base des étamines soit collée au centre des pétales.

6 Étalez un peu de colle au centre de l'un des calices, puis passez la tige au milieu, de telle sorte que le calice vienne se coller sous la corolle.

76

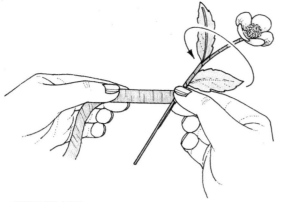

ASSEMBLAGE

7 Commencez à gainer la tige juste sous le calice, en tournant la tige et non le ruban crépon, comme illustré ci-dessus. À environ 2 cm sous la fleur, insérez une feuille P sur la tige. Continuez à enrouler le ruban crépon vers le bas et ajoutez l'autre feuille P environ 1 cm en dessous...

8 ... puis les feuilles M et une feuille G, selon le même espacement. Finissez de gainer la tige.

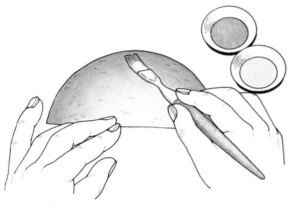

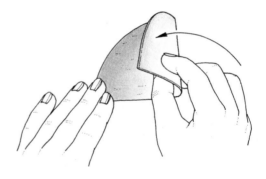

FRAISES

9 Teignez le gabarit qui va servir pour la fraise G, côté velours, selon la technique de la teinture en dégradé. Il faut rechercher une coloration passant graduellement du rouge carmin au jaune, puis au blanc, de l'extérieur vers le centre.

10 Après séchage, pliez en deux la fraise G, velours contre velours.

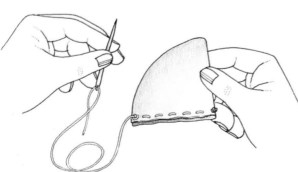

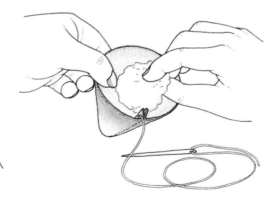

11 Assemblez le côté libre du cône obtenu par une couture, avec une aiguille et du fil blanc, en commençant à la pliure. À l'autre extrémité, ne coupez pas le fil, mais faites un nœud.

12 Ouvrez et retournez le cône formé par la fraise G et remplissez-le de coton jusqu'à mi-hauteur.

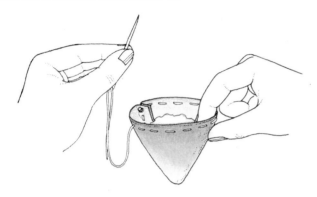

13 Passez un fil en faisant des points aussi petits que possible tout le long de l'ouverture du cône, en laissant dépasser le fil.

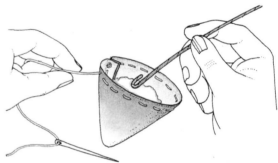

14 Coupez 10 cm de tige métallique de moyen calibre et faites un petit crochet à un bout. Ancrez le crochet assez profondément dans le coton.

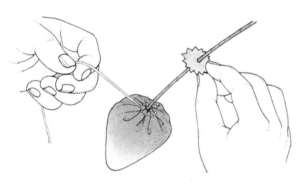

15 Tirez sur le fil de coton pour fermer le fruit et arrêtez le fil. Placez un peu de colle au centre d'un calice et passez la tige en son centre pour pouvoir coller le calice sous la fraise.

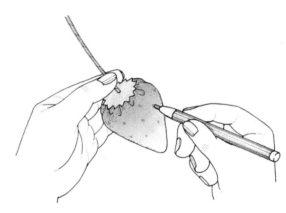

16 Avec le feutre marron, dessinez les petites graines parsemées sur la fraise. Répétez les opérations 9 à 16 pour la petite fraise (P).

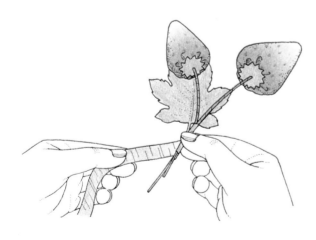

ASSEMBLAGE
17 Assemblez les deux fraises et la grande feuille restante avec du ruban crépon.

18 Toujours avec du ruban crépon, fixez les fraises sous les feuilles de la fleur. Enroulez le ruban jusqu'en bas de la tige et donnez la souplesse nécessaire aux feuilles et aux fruits retombants.

SAUGE

Les fleurs rouge vif et le feuillage gris-vert de la sauge feront beaucoup d'effet dans un simple pot de fleurs sur l'appui de fenêtre de la cuisine.

Papier artisanal ou tissu vert et rouge
Ruban crépon adhésif marron et vert clair
Fil métallique gainé de vert, de moyen et gros calibre
7 étamines à bouts rouges (ou des blanches à extrémités teintées)
14 étamines jaunes
Coton hydrophile
Colle vinylique
Outils (ciseaux, règle, etc.)

Pour une tige de sauge, découpez (pour la composition présentée ci-contre, multipliez le nombre de corolles et de feuilles) :

Élément	Matériau	Quantité	Couleur
Corolle G	papier artisanal ou tissu	3	rouge
Corolle M	papier artisanal ou tissu	7	rouge
Corolle P	papier artisanal ou tissu	3	rouge
Feuilles G/M/P	papier artisanal ou tissu	2 de chaque	vert

Les modèles proposés sont grandeur nature. Reportez-les sur du papier et utilisez ces patrons pour découper les différentes parties des fleurs à réaliser. Toutes les techniques mentionnées ici sont présentées en détail dans les chapitres « Matériel et techniques générales » et « Teinture et apprêt des matériaux ».

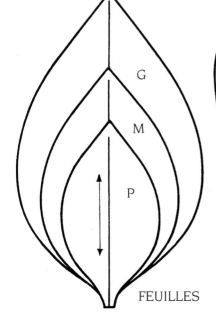

FEUILLES

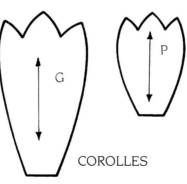

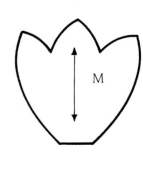

COROLLES

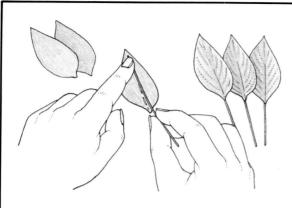

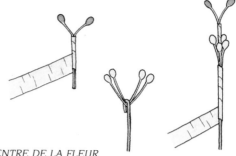

FEUILLES

1 Collez sur chaque feuille une tige métallique de moyen calibre, de 10 cm de long. Marquez les nervures des feuilles.

CENTRE DE LA FLEUR

2 Pliez en deux les sept étamines à bouts rouges, en leur donnant une forme en Y. Fixez la tige du Y avec du ruban adhésif vert clair.

Préparez les centres de sept fleurs, chacun étant constitué de 8 cm de fil métallique de moyen calibre et de deux étamines jaunes. L'étamine en Y doit dépasser d'environ 1 cm les étamines jaunes. Assemblez ainsi, avec du ruban crépon enroulé à la base, le centre de la fleur autour de l'étamine en Y. Enroulez le ruban jusqu'au bas de la tige. Répétez cette opération pour chaque fleur.

COROLLES

3 Faites bomber chaque corolle.

PETITES FLEURS (P)

4 Préparez un pompon de coton de la taille du bout du petit doigt, ancré sur une tige de 8 cm de fil métallique de moyen calibre. La face en coupe étant dirigée vers l'intérieur, entourez le pompon d'une corolle P, en faisant se chevaucher légèrement les bords. Fixez la corolle sur la tige métallique avec du ruban crépon adhésif brun. Répétez cette opération avec les autres corolles P.

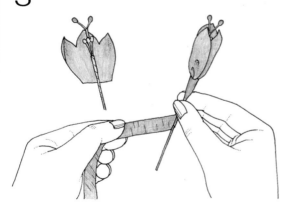

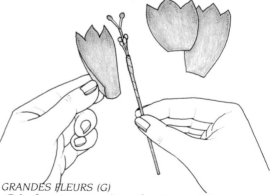

FLEURS MOYENNES (M)

5 La face en coupe étant dirigée vers le haut, placez un centre de fleur juste au milieu d'une corolle M, de telle sorte que l'étamine en Y dépasse légèrement. Refermez la corolle autour du centre de la fleur en faisant se chevaucher légèrement les bords et fixez la base des pétales sur la tige avec du ruban crépon marron. Faites de même avec trois autres corolles M.

GRANDES FLEURS (G)

6 La face en coupe étant dirigée vers le haut, placez un centre de fleur au milieu d'une corolle G, de telle sorte que l'étamine en Y dépasse légèrement. Refermez la corolle autour du centre, en faisant se chevaucher légèrement les bords. Collez les bords pour les maintenir fermés.

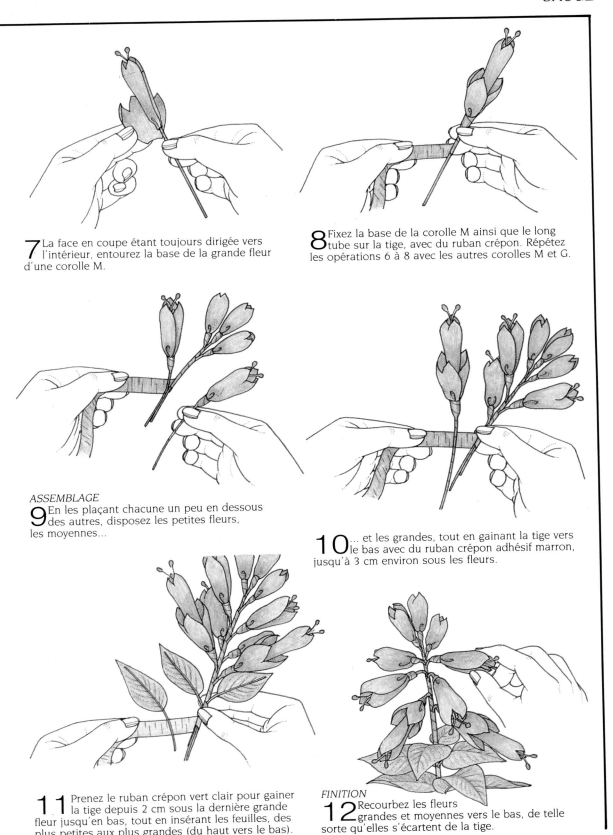

7 La face en coupe étant toujours dirigée vers l'intérieur, entourez la base de la grande fleur d'une corolle M.

8 Fixez la base de la corolle M ainsi que le long tube sur la tige, avec du ruban crépon. Répétez les opérations 6 à 8 avec les autres corolles M et G.

ASSEMBLAGE
9 En les plaçant chacune un peu en dessous des autres, disposez les petites fleurs, les moyennes...

10 ... et les grandes, tout en gainant la tige vers le bas avec du ruban crépon adhésif marron, jusqu'à 3 cm environ sous les fleurs.

11 Prenez le ruban crépon vert clair pour gainer la tige depuis 2 cm sous la dernière grande fleur jusqu'en bas, tout en insérant les feuilles, des plus petites aux plus grandes (du haut vers le bas).

FINITION
12 Recourbez les fleurs grandes et moyennes vers le bas, de telle sorte qu'elles s'écartent de la tige.

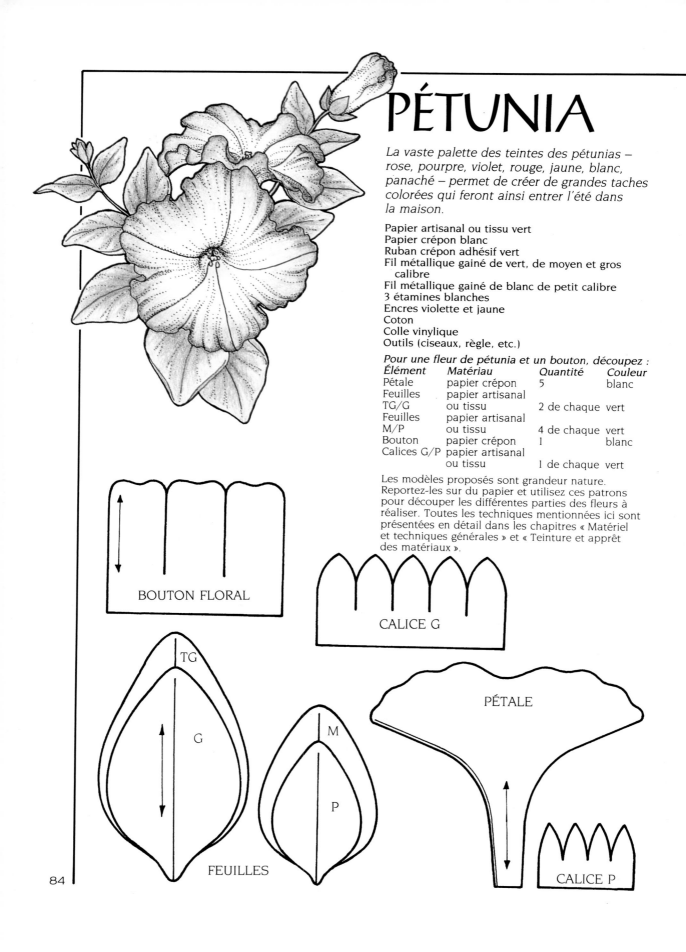

PÉTUNIA

La vaste palette des teintes des pétunias – rose, pourpre, violet, rouge, jaune, blanc, panaché – permet de créer de grandes taches colorées qui feront ainsi entrer l'été dans la maison.

Papier artisanal ou tissu vert
Papier crépon blanc
Ruban crépon adhésif vert
Fil métallique gainé de vert, de moyen et gros calibre
Fil métallique gainé de blanc de petit calibre
3 étamines blanches
Encres violette et jaune
Coton
Colle vinylique
Outils (ciseaux, règle, etc.)

Pour une fleur de pétunia et un bouton, découpez :

Élément	Matériau	Quantité	Couleur
Pétale	papier crépon	5	blanc
Feuilles TG/G	papier artisanal ou tissu	2 de chaque	vert
Feuilles M/P	papier artisanal ou tissu	4 de chaque	vert
Bouton	papier crépon	1	blanc
Calices G/P	papier artisanal ou tissu	1 de chaque	vert

Les modèles proposés sont grandeur nature. Reportez-les sur du papier et utilisez ces patrons pour découper les différentes parties des fleurs à réaliser. Toutes les techniques mentionnées ici sont présentées en détail dans les chapitres « Matériel et techniques générales » et « Teinture et apprêt des matériaux ».

BOUTON FLORAL

CALICE G

TG

G

M

P

PÉTALE

FEUILLES

CALICE P

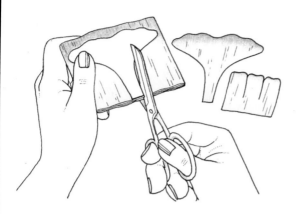

FLEUR

1 Teintez les deux extrémités d'une bande de papier crépon blanc, en utilisant la technique de teinture adaptée. L'idéal est une teinte violette au bout des pétales, jaune à la base, le centre demeurant blanc. En conservant cette orientation, le violet en haut, découpez les pétales et le bouton floral.

2 Collez le long du bord gauche de chaque pétale une fine tige métallique gainée de blanc, de 8 cm de long. Assurez-vous que les tiges sont bien collées avant de passer à l'étape suivante.

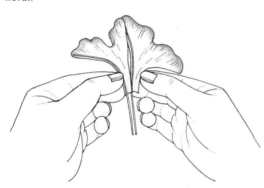

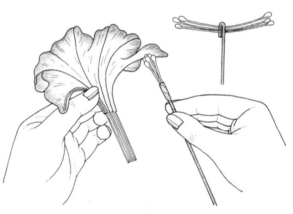

3 Déposez un peu de colle le long du bord armé de chaque pétale, puis réunissez les pétales pour former une fleur en trompette largement ouverte.

4 Préparez le centre de la fleur, composé d'une tige métallique de moyen calibre, de 10 cm, et des trois étamines blanches maintenues par du ruban crépon vert.

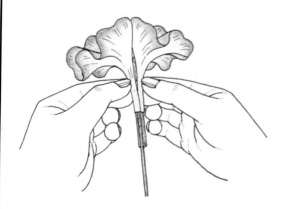

5 Placez le centre entre les pétales et terminez de coller les bords pour refermer la trompette.

6 Faites de petites fronces régulières à la base du calice G. Placez le tout autour de la base de la corolle en veillant à ne pas relâcher les fronces.

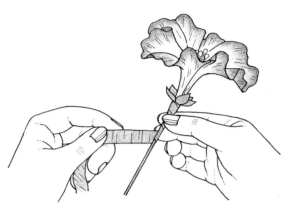

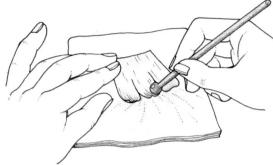

7 Fixez le calice et la base de la trompette sur la tige avec du ruban crépon. Gainez la tige jusqu'en bas.

BOUTON FLORAL
8 Recourbez l'extrémité des pétales du bouton floral.

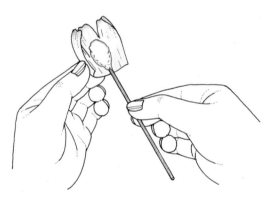

9 Avec du coton, préparez un pompon de la taille de l'ongle du petit doigt, ancré sur une tige métallique de moyen calibre, de 10 cm de long. Le côté creux se trouvant vers l'intérieur, entourez le pompon de la petite corolle du bouton.

10 Placez le calice P autour de la base du bouton.

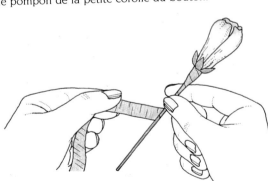

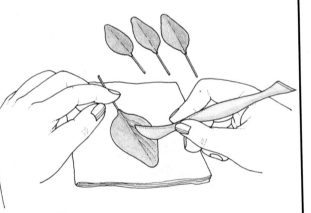

FEUILLES
12 Collez une longueur de 8 cm de tige métallique de calibre moyen sur chaque feuille, et marquez les nervures.

11 Gainez la tige à partir de la base du calice, pour bien assujettir celui-ci sur la tige, ainsi que la corolle.

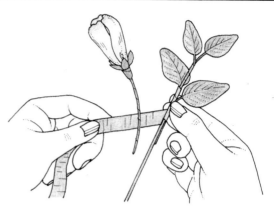

ASSEMBLAGE

13 Fixez deux feuilles P à l'extrémité d'une tige de 15 cm de fil métallique de gros calibre, à l'aide de ruban crépon...

14 ... ajoutez deux feuilles M, puis le bouton floral à environ 2 cm d'intervalle. Continuez à gainer la tige...

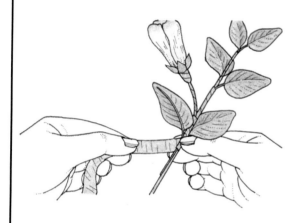

15 ... et insérez les feuilles G au point de jonction entre le bouton floral et la tige principale. Enroulez le ruban jusqu'en bas de la tige.

16 Répétez les étapes 13 et 14 avec les autres feuilles P et M, puis insérez la fleur à la place du bouton floral.

17 Assemblez les tiges de la fleur et du bouton, et continuez à gainer les deux tiges ensemble.

18 Pour masquer le point de jonction des deux tiges, insérez les feuilles TG. Continuez à enrouler le ruban jusqu'au bas des tiges.

FRANGIPANIER

Retrouvez l'ambiance des étés tropicaux avec le floraison du frangipanier. Une fleur idéale pour un appui de fenêtre, mais aussi pour une boutonnière ou un bouquet à tenir à la main ou à poser.

Tissu ou ruban de velours blanc
Ruban crépon adhésif blanc
Fil métallique gainé de blanc, de gros et moyen
    calibre
Fil métallique galvanisé fin
Encre ou teinture jaune
Colle vinylique
Outils (ciseaux, règle, etc.)

Pour la réalisation d'une grande fleur,
une moyenne et deux boutons floraux, découpez :

Élément	Matériau	Quantité	Couleur
Pétale G	velours	5	blanc
Pétale P	velours	5	blanc
Bouton	velours	2	blanc

Les modèles proposés sont grandeur nature. Reportez-les sur du papier et utilisez ces patrons pour découper les différentes parties des fleurs à réaliser. Toutes les techniques mentionnées ici sont présentées en détail dans les chapitres « Matériel et techniques générales », « Teinture et apprêt des matériaux » et « Bouquet de mariée et boutonnière - assemblage ».

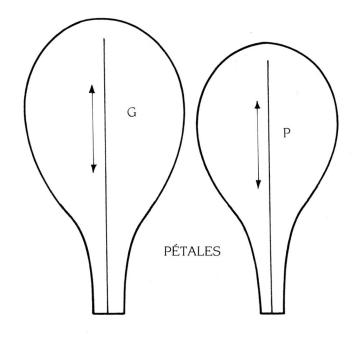

PÉTALES

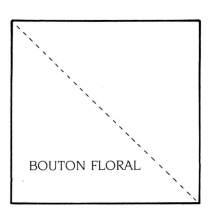

BOUTON FLORAL

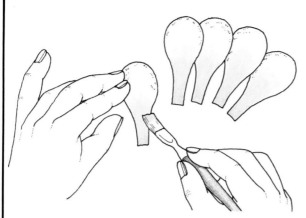

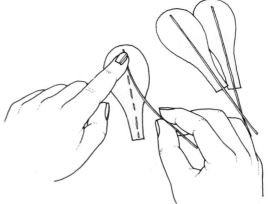

FLEUR

1 Teintez les pétales côté velours, selon la technique de la teinture en dégradé. Essayez d'obtenir une coloration passant graduellement du blanc en haut au jaune en bas. Attendez que les pétales soient bien secs pour passer à l'étape suivante.

2 Sur l'envers du velours, collez sur chaque pétale une tige métallique de moyen calibre (1-1,2 mm), de 8 cm de long. Attendez que la colle soit sèche pour poursuivre.

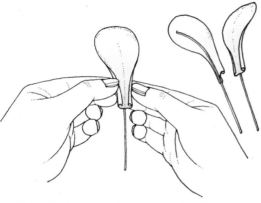

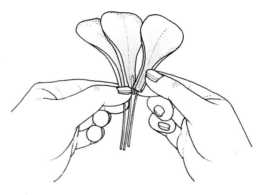

3 Côté velours au-dessus, enroulez délicatement les bords de chaque pétale vers le centre, en les tenant entre les pouces et les index.

4 Étalez un peu de colle à la base des pétales G et assemblez-les, côté tigé vers l'extérieur, de telle sorte qu'ils se chevauchent légèrement...

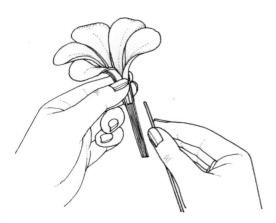

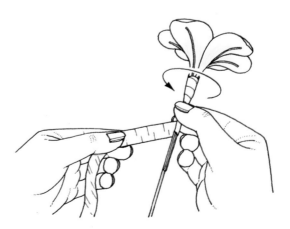

5 ... pour former une trompette évasée. Coupez 6 cm de tige métallique de gros calibre et insérez cette tige entre les pétales tigés.

6 Gainez la base des pétales de ruban crépon adhésif pour les fixer sur la tige centrale, et enroulez le ruban jusqu'au bout de la tige.

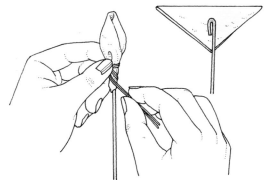

7 Très délicatement, ouvrez les pétales un à un pour leur donner la forme d'une fleur naturelle. Répétez les opérations 4 à 7 avec les pétales P, pour faire une petite fleur.

BOUTON FLORAL

8 Préparez deux boutons floraux, chacun constitué d'une tige de 10 cm de fil métallique de gros calibre, du tissu nécessaire et d'un lien métallique fin, en veillant à ce que le côté velours soit bien à l'extérieur après mise en place du tissu.

BOUTONNIÈRE

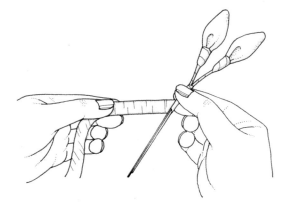

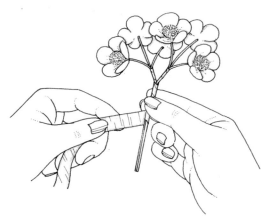

9 Assemblez les deux boutons floraux avec du ruban crépon adhésif enroulé jusqu'en bas des tiges.

1 Préparez douze fleurs blanches de fraisier (p. 75). Assemblez-les en quatre groupes de trois, puis deux groupes de six.

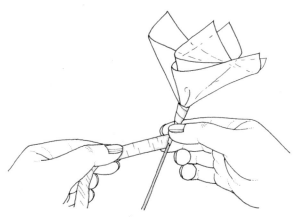

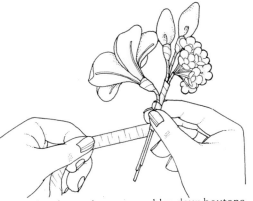

2 À partir d'un carré de tulle de 12 cm de côté, préparez une collerette.

3 Avec le ruban crépon, assemblez deux boutons floraux de frangipanier, un groupe de fleurs de fraisier et, un peu plus bas, une petite fleur de frangipanier...

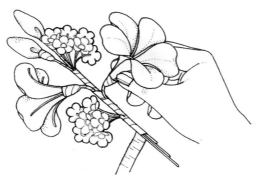

4 ... puis une grande fleur de frangipanier et l'autre petit bouquet de fleurs de fraisier. Continuez à enrouler le ruban crépon...

BOUQUET ROND

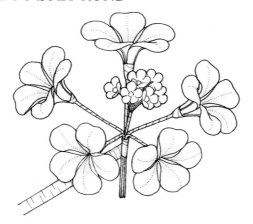

5 ... et ajoutez la décoration de tulle et le nœud en ruban. Finissez de gainer les tiges jusqu'en bas pour former une petite poignée.

1 Préparez trente-six fleurs de fraisier blanches (p. 75) et réunissez-les en six groupes de six. Confectionnez cinq grandes fleurs de frangipanier, en les tigeant à l'étape 5 avec une longueur de 20 cm de fil métallique de gros calibre. Préparez également deux boutons floraux. À environ 8 cm de la base des fleurs, assemblez les cinq fleurs de frangipanier et un bouquet de fleurs de fraisier.

2 Gainez les tiges avec du ruban crépon adhésif et placez les autres bouquets de fleurs de fraisier pour combler les vides.

3 Toujours en gainant les tiges, ajoutez les deux boutons et six à huit décorations de tulle en collerette à la base du bouquet. Gainez toutes les tiges ensemble jusqu'à la base, pour former une poignée de bouquet.

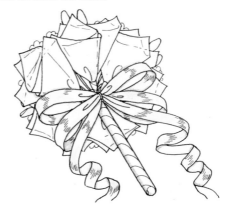

FINITION
4 Ajoutez un nœud en ruban à la base de la collerette.

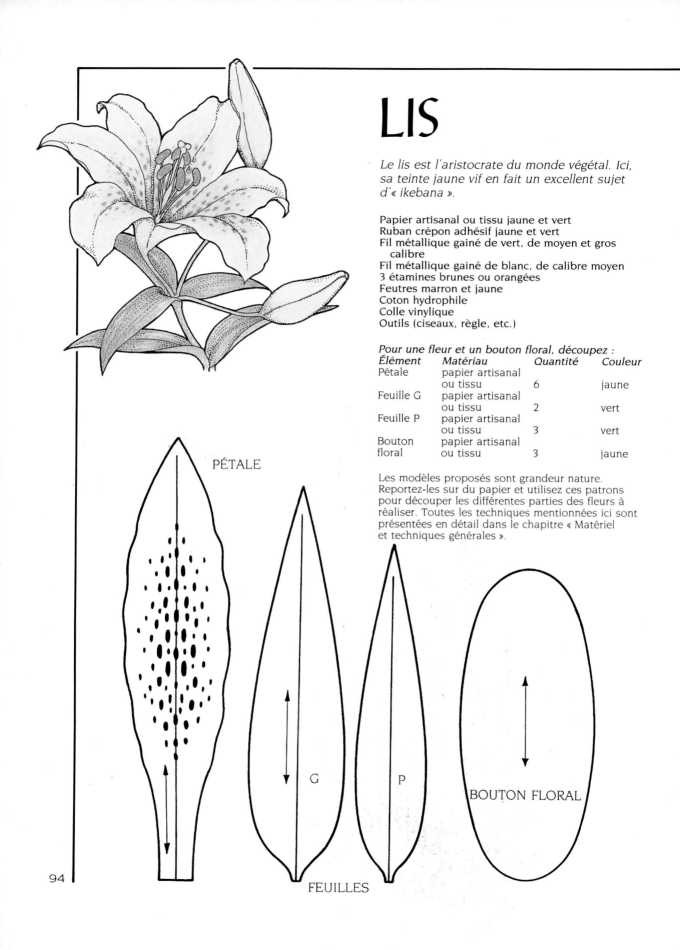

LIS

Le lis est l'aristocrate du monde végétal. Ici, sa teinte jaune vif en fait un excellent sujet d'« ikebana ».

Papier artisanal ou tissu jaune et vert
Ruban crépon adhésif jaune et vert
Fil métallique gainé de vert, de moyen et gros calibre
Fil métallique gainé de blanc, de calibre moyen
3 étamines brunes ou orangées
Feutres marron et jaune
Coton hydrophile
Colle vinylique
Outils (ciseaux, règle, etc.)

Pour une fleur et un bouton floral, découpez :

Élément	Matériau	Quantité	Couleur
Pétale	papier artisanal ou tissu	6	jaune
Feuille G	papier artisanal ou tissu	2	vert
Feuille P	papier artisanal ou tissu	3	vert
Bouton floral	papier artisanal ou tissu	3	jaune

Les modèles proposés sont grandeur nature. Reportez-les sur du papier et utilisez ces patrons pour découper les différentes parties des fleurs à réaliser. Toutes les techniques mentionnées ici sont présentées en détail dans le chapitre « Matériel et techniques générales ».

PÉTALE

G

P

BOUTON FLORAL

FEUILLES

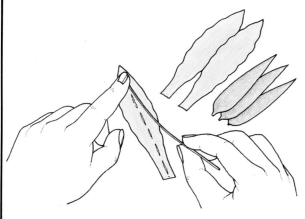

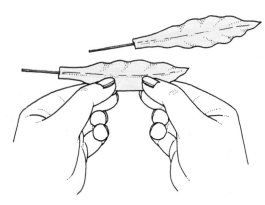

1 Coupez six longueurs de 15 cm de fil métallique de calibre moyen, gainé de blanc, et teintez-les avec le feutre jaune. Tigez chaque pétale.

2 Quand les tiges sont bien collées, faites onduler le bord des pétales.

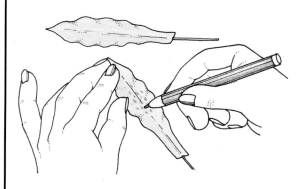

3 La face tigée étant dirigée vers le bas, ponctuez chaque pétale de mouchetures avec le feutre marron, comme illustré ci-dessus.

4 Armez chaque feuille avec un fil métallique de moyen calibre de 12 cm de long, gainé de vert, et marquez les nervures.

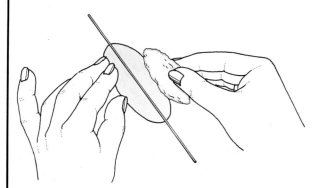

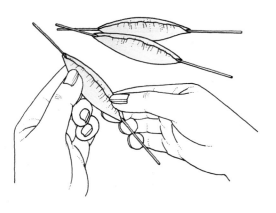

BOUTON FLORAL

5 Coupez 15 cm de tige métallique de calibre moyen, gainée de blanc, et collez-la au centre d'un pétale de bouton floral, de manière qu'elle dépasse symétriquement de chaque côté. Garnissez le centre d'un morceau de coton étiré en amande.

6 Refermez le pétale autour de la tige et du coton, en faisant se chevaucher légèrement les bords. Collez les bords de cette forme en cocon. Répétez les opérations 5 et 6 avec les autres pétales du bouton floral.

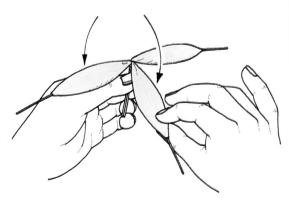

7 Assemblez les pétales du bouton, à la même hauteur, extrémités collées vers l'extérieur. Tordez ensemble les bases des tiges ainsi que l'extrême base des pétales.

8 D'une main, maintenez les tiges entrelacées et, de l'autre, repliez les trois pétales vers l'extérieur. Inclinez-les bien vers le bas...

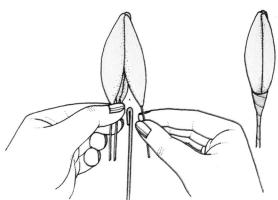

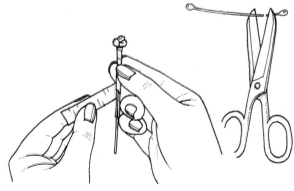

9 ... jusqu'à ce qu'ils recouvrent entièrement la base des tiges et soient ainsi accolés, faces collées vers l'intérieur. Coupez 15 cm de tige métallique de gros calibre et faites un petit crochet au bout. Fixez les armatures du bouton floral sur cette tige, avec du ruban crépon adhésif enroulé jusqu'à la base de la tige. Inclinez légèrement la base du bouton floral.

FLEUR

10 Supprimez une extrémité de chaque étamine blanche. En les plaçant à la même hauteur, assemblez ces étamines avec du ruban crépon blanc.

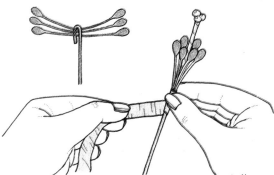

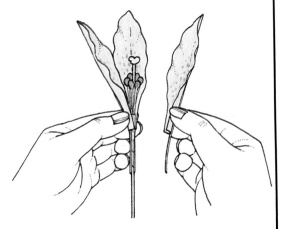

11 Préparez le centre de la fleur, constitué d'une longueur de 15 cm de fil métallique de gros calibre et de trois étamines brunes ou orangées. Placez les étamines blanches de telle sorte qu'elles dépassent les brunes de 1 cm (formant ainsi le pistil de la fleur), et assemblez ce groupe à la base des tiges avec du ruban adhésif vert.

12 La face tigée étant dirigée vers l'extérieur, placez les trois pétales autour du centre de la fleur, en les maintenant à la base par du ruban crépon.

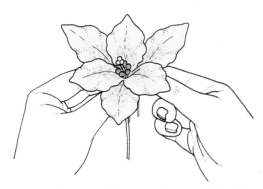

13 La face armée étant toujours vers l'extérieur, assemblez maintenant les trois autres pétales, décalés par rapport aux trois premiers.

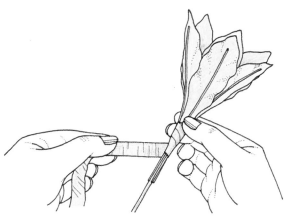

14 Gainez la base des pétales pour les fixer sur la tige. Continuez jusqu'au bas de la tige.

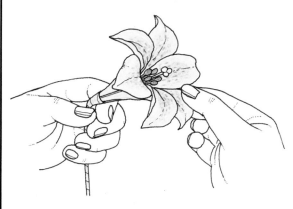

15 Inclinez délicatement la fleur à partir de la base des pétales. Sans l'ouvrir complètement, pour qu'elle garde sa forme en trompette, enroulez l'extrémité des pétales vers l'extérieur, un à un.

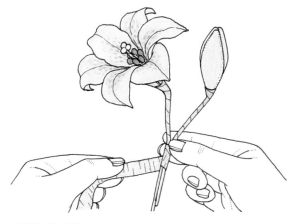

ASSEMBLAGE

16 À environ 7 cm de la base de la fleur, assemblez la fleur et le bouton avec du ruban crépon. Continuez à enrouler le ruban tout autour des tiges...

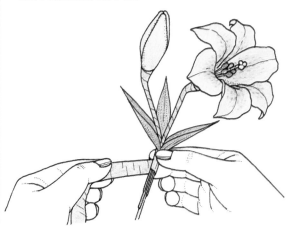

17 ... et placez les feuilles P en verticille à la réunion des tiges, pour masquer ainsi la jonction. Continuez à gainer les tiges...

18 ... et insérez les deux grandes feuilles (G), à environ 2 cm sous les premières. Finissez d'habiller les tiges et écartez les feuilles pour plus de naturel.

BOUVARDIA

Les gracieuses petites fleurs du bouvardia se prêtent à merveille au « remplissage » de toute composition florale.

Papier artisanal ou tissu vert et blanc
Ruban crépon adhésif vert et blanc
Fil métallique galvanisé, de moyen et gros calibre
5 étamines blanches
Colle vinylique
Outils (ciseaux, règle, etc.)

Pour un groupe de fleurs de bouvardia, découpez :

Élément	Matériau	Quantité	Couleur
Corolle	papier artisanal ou tissu	5	blanc
Bouton floral	papier artisanal ou tissu	3	blanc
Calice	papier artisanal ou tissu	1	vert
Tube de la corolle	papier artisanal ou tissu	8	blanc

Les modèles proposés sont grandeur nature. Reportez-les sur du papier et utilisez ces patrons pour découper les différentes parties des fleurs à réaliser. Toutes les techniques mentionnées ici sont présentées en détail dans le chapitre « Matériel et techniques générales ».

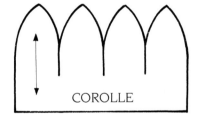

COROLLE

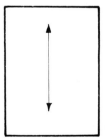

TUBE DE LA COROLLE

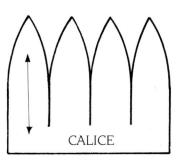

CALICE

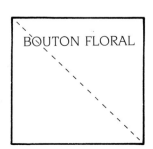

BOUTON FLORAL

BOUVARDIA

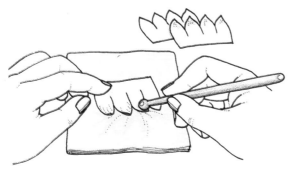

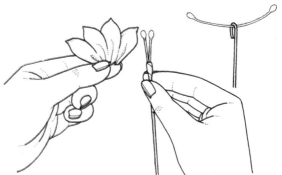

FLEUR

1 Faites bomber l'extrémité des pétales.

2 Préparez le centre d'une fleur, constitué d'une tige métallique de moyen calibre de 8 cm de long, d'une étamine pliée en deux et de ruban crépon blanc. Faites de petites fronces régulières à la base des pétales. En maintenant la face en coupe des pétales vers l'extérieur, placez le centre de la fleur sur cette petite corolle.

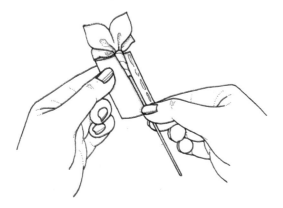

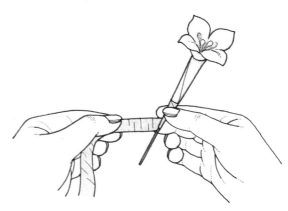

3 Entourez le centre de la fleur avec la corolle, en faisant se chevaucher légèrement les bords. Fixez la corolle à la base avec du ruban crépon blanc. En commençant juste sous les pétales, collez le tube de la corolle, dans sa longueur, autour de la tige.

4 Gainez la base du tube de ruban adhésif vert. Répétez les étapes 2 à 4 avec les autres pétales et tubes.

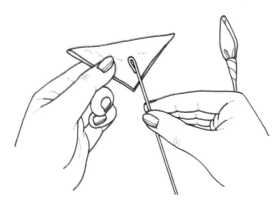

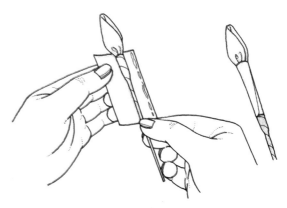

BOUTON FLORAL

5 Préparez un bouton, avec une tige métallique de moyen calibre de 8 cm de long, le petit carré découpé et du ruban crépon blanc.

6 En commençant juste à la base du bouton, collez le tube de la corolle (fermée) autour de la tige. Gainez la tige depuis la base du tube avec du ruban crépon vert. Répétez les étapes 5 et 6 avec les autres boutons et tubes.

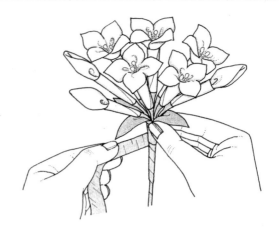

7 Coupez 20 cm de tige métallique de gros calibre et faites un crochet au bout. Disposez fleurs et boutons de telle sorte qu'ils soient tous à même hauteur. Réunissez le haut des tiges avec du ruban floral vert et ancrez le crochet dans les premiers tours de ruban. Continuez à enrouler le ruban pour assembler la tige et le bouquet.

POUR UNE GERBE OU UN BOUQUET

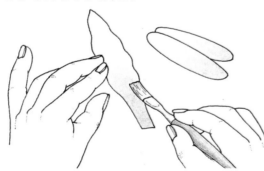

1 Découpez les lis et leurs boutons dans du velours blanc. Pour un aspect plus naturel, utilisez la technique du dégradé pour les teinter légèrement, côté velours. L'idéal est d'obtenir, du haut vers le bas, une coloration passant graduellement du blanc pur au vert pâle.

8 Placez le calice de manière qu'il entoure le point de jonction des tiges. Gainez la tige de la base du calice jusqu'en bas. Inclinez légèrement fleurs et bourgeons vers l'extérieur, afin d'obtenir une composition réaliste.

Pour le bouquet de la page précédente, il vous faut 6 lis épanouis, 7 lis en boutons, 7 feuilles de lis et 8 groupes de bouvardias. Pour plus de détails sur l'assemblage du bouquet et les finitions, voyez le chapitre « Bouquet de mariée et boutonnière - assemblage ».

BOUQUET

2 Assemblez les lis et cinq groupes de bouvardias avec du ruban floral vert, à partir d'environ 12 cm sous les fleurs.

TRAÎNE

3 Disposez les boutons de lis, les feuilles et les petits bouquets de bouvardias non utjlisés sur une longue tige métallique de gros calibre, en la gainant de ruban pour fixer les fleurs.

4 Assemblez le bouquet et sa traîne avec du ruban floral blanc. Il vous faudra sans doute courber un peu la longue tige pour l'assembler avec les autres. Gainez les tiges jusqu'en bas pour former une poignée.

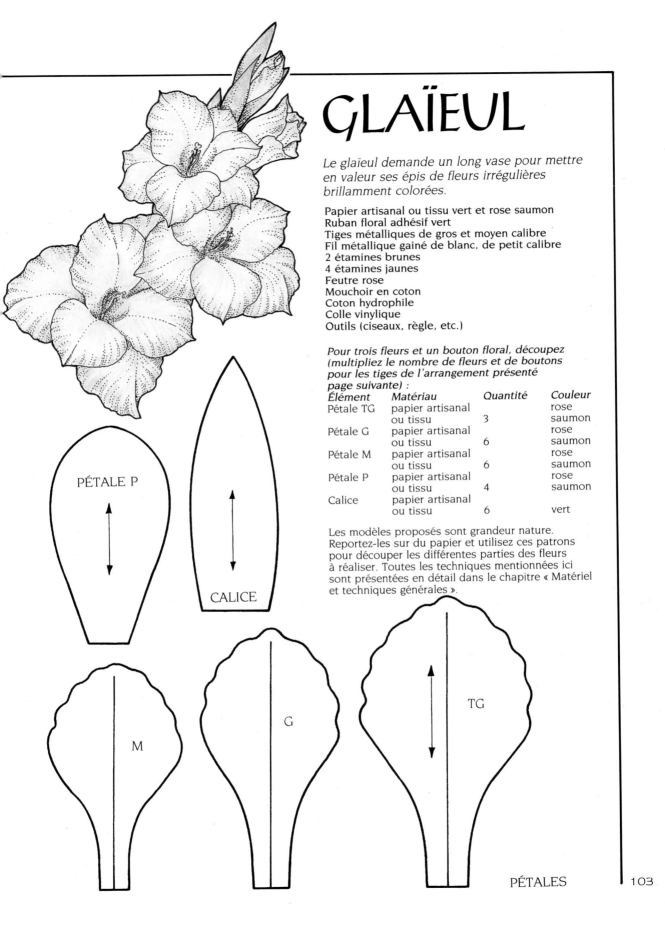

GLAÏEUL

Le glaïeul demande un long vase pour mettre en valeur ses épis de fleurs irrégulières brillamment colorées.

Papier artisanal ou tissu vert et rose saumon
Ruban floral adhésif vert
Tiges métalliques de gros et moyen calibre
Fil métallique gainé de blanc, de petit calibre
2 étamines brunes
4 étamines jaunes
Feutre rose
Mouchoir en coton
Coton hydrophile
Colle vinylique
Outils (ciseaux, règle, etc.)

Pour trois fleurs et un bouton floral, découpez (multipliez le nombre de fleurs et de boutons pour les tiges de l'arrangement présenté page suivante) :

Élément	Matériau	Quantité	Couleur
Pétale TG	papier artisanal ou tissu	3	rose saumon
Pétale G	papier artisanal ou tissu	6	rose saumon
Pétale M	papier artisanal ou tissu	6	rose saumon
Pétale P	papier artisanal ou tissu	4	rose saumon
Calice	papier artisanal ou tissu	6	vert

Les modèles proposés sont grandeur nature. Reportez-les sur du papier et utilisez ces patrons pour découper les différentes parties des fleurs à réaliser. Toutes les techniques mentionnées ici sont présentées en détail dans le chapitre « Matériel et techniques générales ».

PÉTALE P

CALICE

M

G

TG

PÉTALES

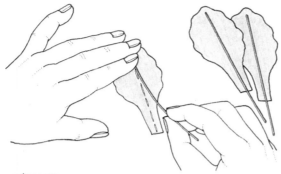

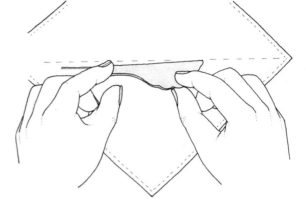

PÉTALES

1 Coupez les longueurs suivantes de fil métallique de petit calibre gainé de blanc : six de 8 cm pour les pétales moyens (M), six de 9 cm pour les grands pétales (G) et trois de 10 cm pour les très grands pétales (TG). Teintez ces tiges au feutre rose et collez-les sur leurs pétales respectifs.

2 Quand les tiges sont bien collées, donnez un aspect froissé aux pétales et aux calices (voir p. 14).

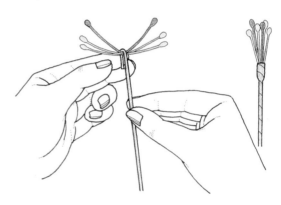

3 Ouvrez délicatement chaque pétale et chaque calice, tout en leur conservant une forme légèrement bombée.

4 Préparez deux centres de fleurs, chacun étant constitué d'une tige métallique de moyen calibre de 8 cm de long, de deux étamines jaunes et d'une brune, assemblées avec du ruban floral adhésif.

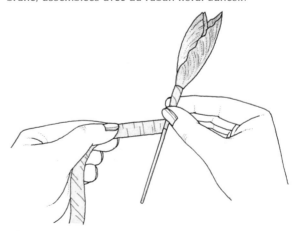

BOUTON FLORAL

5 Avec un peu de coton enroulé autour d'une tige métallique de gros calibre, de 8 cm de long, faites un pompon de la taille du bout du petit doigt. La face incurvée étant dirigée vers l'intérieur, fixez deux pétales P autour, en un bouton bien clos.

6 Placez un calice à la base du bouton floral et fixez l'ensemble en gainant toute la tige, depuis la base du bouton, avec du ruban crépon adhésif.

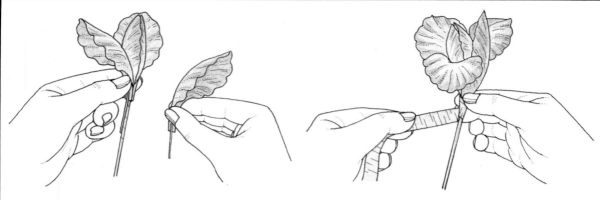

PETITE FLEUR

7 Répétez l'étape 5 pour obtenir un nouveau bouton. La face tigée étant vers l'extérieur, placez les pétales M autour de ce bouton. Fixez les pétales sur la tige à la base, en les entourant de ruban crépon.

8 Placez un calice autour de la base des pétales, fixez-le sur la tige avec du ruban crépon adhésif enroulé jusqu'au bout de celle-ci.

FLEUR MOYENNE

9 La face armée étant dirigée vers l'extérieur, placez les trois pétales M restants autour d'un centre de fleur. Gainez la base des pétales de ruban adhésif, pour bien les fixer sur la tige.

10 La face tigée étant également vers l'extérieur, placez trois pétales G autour des précédents, décalés entre les pointes des pétales M. Entourez leur base d'un peu de ruban crépon adhésif.

11 Placez un calice autour de la base des pétales et gainez la tige de la base du calice jusqu'en bas, pour bien maintenir les éléments.

GRANDE FLEUR

12 La face armée étant dirigée vers l'extérieur, placez les autres pétales G autour d'un centre de fleur. Gainez la base des pétales, de façon à les fixer sur la tige.

13 La face tigée étant toujours vers l'extérieur, placez les plus grands pétales (TG) autour des précédents, décalés. Entourez leur base d'un calice et gainez la base de celui-ci pour le fixer à l'ensemble des pétales, puis gainez toute la tige jusqu'en bas.

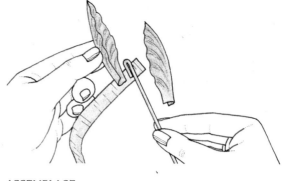

ASSEMBLAGE

14 Coupez une assez grande longueur de tige métallique de gros calibre et faites un petit crochet au bout. La face incurvée se trouvant vers l'intérieur, fixez les deux calices restants autour du crochet – l'un légèrement en dessous de l'autre –, en enroulant du ruban adhésif autour de leur base.

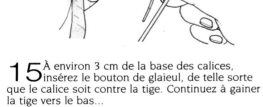

15 À environ 3 cm de la base des calices, insérez le bouton de glaïeul, de telle sorte que le calice soit contre la tige. Continuez à gainer la tige vers le bas...

16 ... et, 3 cm plus bas encore, ajoutez la petite fleur, toujours avec le calice contre la tige. Continuez à gainer la tige...

17 ... et, à environ 4 cm de la base de la petite fleur, placez la fleur moyenne, calice contre la tige. Continuez à gainer la tige...

18 ... puis, à environ 4 cm de la base de la fleur de taille moyenne, ajoutez la grande fleur, toujours avec le calice contre la tige. Gainez la tige jusqu'en bas. Inclinez légèrement l'extrémité de la tige et disposez les pétales de façon aussi naturelle que possible.

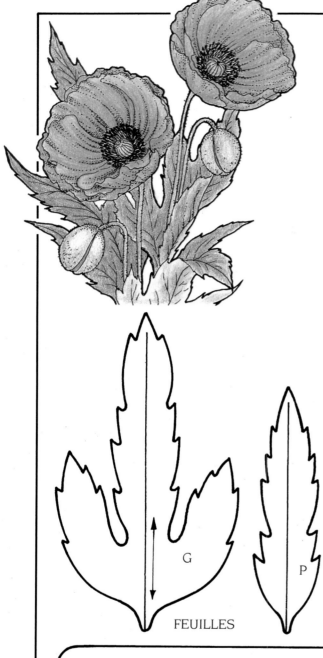

COQUELICOT

Les corolles éclatantes du coquelicot ajoutent une note de gaieté à toutes les compositions florales.

Papier crépon rouge vif
Papier artisanal ou tissu vert et jaune
Ruban floral adhésif vert
Tiges métalliques de gros et petit calibre
Tiges métalliques gainées de vert, de moyen calibre
30 étamines noires
Coton hydrophile
Colle vinylique
Outils (ciseaux, règle, etc.)

Pour une fleur de coquelicot, découpez :

Élément	Matériau	Quantité	Couleur
Corolle	papier crépon	2	rouge
Feuilles	papier artisanal		
G/P	ou tissu	1 de chaque	vert
Centre	papier artisanal		
	ou tissu	1	jaune

Les modèles proposés sont grandeur nature. Reportez-les sur du papier et utilisez ces patrons pour découper les différentes parties des fleurs à réaliser. Toutes les techniques mentionnées ici sont présentées en détail dans le chapitre « Matériel et techniques générales ».

G

P

FEUILLES

CENTRE

COROLLE

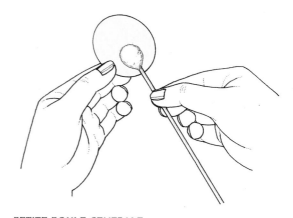

1 Préparez trois bouquets d'étamines, chacun constitué d'une tige métallique fine de 5 cm, de 10 étamines noires et du ruban crépon adhésif.

PETITE BOULE CENTRALE

2 Préparez un petit pompon de la taille de l'ongle du petit doigt, avec un peu de coton enrobant l'extrémité d'une tige métallique de gros calibre, de 20 cm de long. Recouvrez le coton avec la pièce découpée pour le centre et fixez la base sur la tige avec du ruban crépon adhésif.

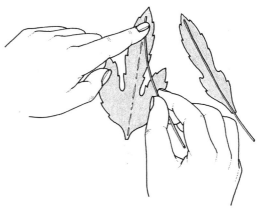

3 Placez les trois bouquets d'étamines autour de la boule centrale et fixez leurs petites tiges sur la tige de la fleur, avec du ruban crépon.

4 Collez sur chaque feuille une tige métallique gainée de vert, de moyen calibre, de 10 cm de longueur.

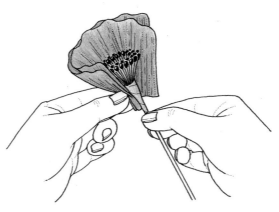

FLEUR

5 Superposez les deux corolles et faites de petites fronces régulières le long du bord inférieur, en les tenant toujours l'une contre l'autre.

6 Disposez les corolles tout autour du centre de la fleur, sans défaire les fronces et de manière que les bords se chevauchent légèrement.

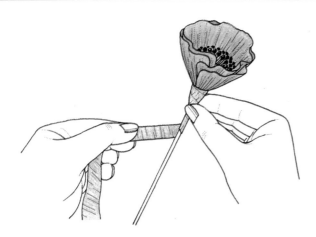

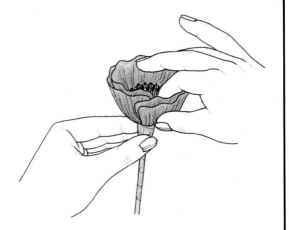

7 Fixez les corolles sur la tige principale, en enroulant du ruban crépon autour de leur base, puis gainez la tige vers le bas sur environ 9 cm.

8 Ouvrez délicatement la corolle pour donner à la fleur une forme de clochette très ouverte.

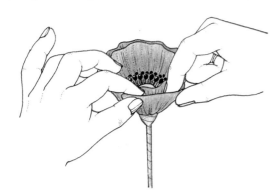

9 Étirez le papier, en prenant soin de ne pas le déchirer, et faites onduler le bord des corolles sur toute leur longueur.

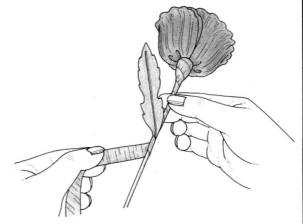

10 À environ 8 cm sous la base de la fleur, insérez la petite feuille, P, en plaquant la base contre la tige avec le ruban crépon, et continuez à gainer la tige...

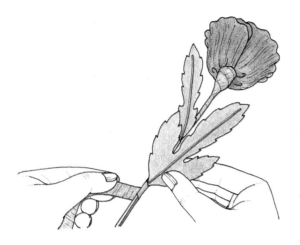

11 ... puis, 4 cm plus bas environ, ajoutez la grande feuille, G. Finissez de gainer la tige jusqu'en bas.

12 Écartez les feuilles de la tige pour leur donner un port plus naturel.

COSMOS

Ces fleurs délicates et gaies, roses à cœur jaune ou vert, nous viennent des régions tropicales du globe.

Papier artisanal ou tissu vert, vert clair, rose et jaune
Ruban floral adhésif vert
Fil métallique galvanisé de gros calibre
Fil métallique de moyen calibre, gainé de vert
Coton hydrophile
Colle vinylique
Outils (ciseaux, règle, etc.)

Pour un bouton floral et deux fleurs de cosmos, découpez :

Élément	Matériau	Quantité	Couleur
Corolles G/P	papier artisanal ou tissu	1 de chaque	rose
Feuille	papier artisanal ou tissu	4	vert
Bouton floral	papier artisanal ou tissu	1	rose
Calice	papier artisanal ou tissu	3	vert
Étamines A	papier artisanal ou tissu	2	vert clair
Étamines B	papier artisanal ou tissu	2	jaune

Les modèles proposés sont grandeur nature. Reportez-les sur du papier et utilisez ces patrons pour découper les différentes parties des fleurs à réaliser. Toutes les techniques mentionnées ici sont présentées en détail dans le chapitre « Matériel et techniques générales ».

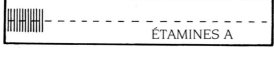

ÉTAMINES A

ÉTAMINES B

BOUTON FLORAL

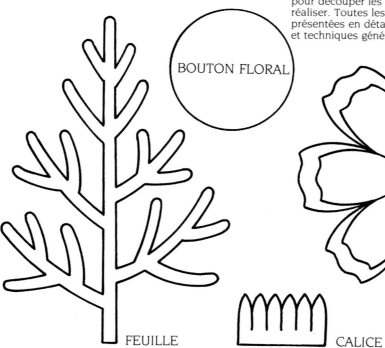

FEUILLE

CALICE

P

G COROLLES

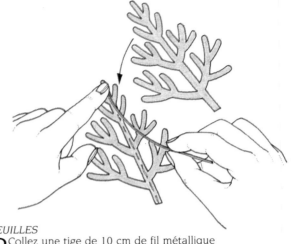

PÉTALES

1 Avec une petite spatule, marquez des nervures sur chaque pétale des corolles, pour leur donner un aspect bombé et ondulé.

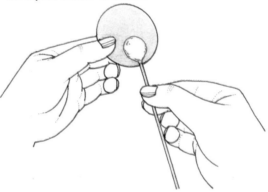

FEUILLES

2 Collez une tige de 10 cm de fil métallique de moyen calibre, gainé de vert, sur deux des feuilles. Collez une autre feuille par-dessus, de façon que la tige soit prise entre deux épaisseurs de feuille.

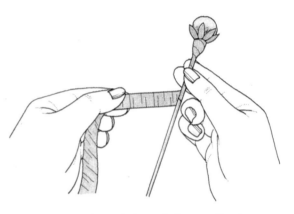

BOUTON FLORAL

3 Préparez un pompon de la taille du bout du petit doigt, avec une tige de 10 cm de fil métallique de gros calibre et un peu de coton. Recouvrez complètement le pompon de la pièce destinée au bouton. Fixez la base du bouton sur la tige avec du ruban adhésif.

4 Placez un calice à la base du bouton floral et gainez l'ensemble jusqu'au bas de la tige.

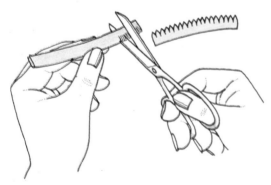

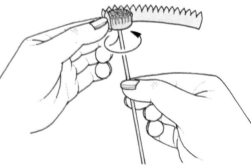

PETITE FLEUR

5 Repliez les étamines A en deux dans le sens de la largeur, et découpez de petites franges tout le long du bord plié. Découpez les étamines B comme indiqué sur le patron.

6 Coupez 10 cm de fil métallique de gros calibre et faites un petit crochet au bout. Étalez un peu de colle à la base d'une bande d'étamines A et ancrez le crochet à une extrémité. Enroulez les étamines autour du crochet, serrez bien. Fixez l'extrémité par un point de colle. Enroulez les étamines B autour des étamines A, dents en V pointées vers le haut. Fixez l'extrémité par un point de colle.

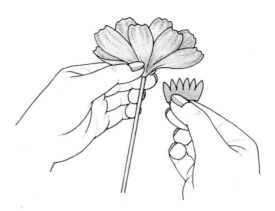

7 La face en coupe de la corolle P étant orientée vers le haut, placez un peu de colle autour de son centre. Passez la tige des étamines par le centre de la corolle, collant ainsi la corolle contre les étamines.

8 Fixez un calice autour de la base de la corolle et gainez la tige vers le bas...

9 ... jusqu'à son extrémité. Rectifiez la position des pétales de la petite fleur. Répétez les étapes 5 à 9 avec la grande corolle, G, cette fois avec la face en coupe orientée vers le bas, comme une fleur très épanouie.

ASSEMBLAGE

10 Assemblez les tiges de la petite fleur et du bouton, à environ 4 cm sous les calices, et fixez-les sur une tige métallique de gros calibre, assez longue. Gainez la tige vers le bas...

11 ... et, à environ 3 cm sous le point de jonction des petites tiges, insérez les deux feuilles. Continuez à enrouler le ruban crépon adhésif...

12 ... et, à 2 cm environ des feuilles, ajoutez la grande fleur. Finissez de gainer la tige jusqu'à son extrémité et donnez aux fleurs l'inclinaison souhàitée.

NÉRINE

*Les pétales rubanés, d'un rose délicat,
de la nérine, font beaucoup d'effet quand
les fleurs sont présentées dans un vase sobre.*

Papier artisanal ou tissu vert et rose
Ruban crépon adhésif vert
Tiges métalliques de gros et petit calibre
Fil métallique de moyen calibre, gainé de vert
Fil métallique de petit calibre, gainé de vert
12 étamines roses
Feutre rose
Colle vinylique
Outils (ciseaux, règle, etc.)

Pour un groupe de nérines, découpez :

Élément	Matériau	Quantité	Couleur
Pétale	papier artisanal ou tissu	24	rose
Sépale (calice)	papier artisanal ou tissu	4	vert

Les modèles proposés sont grandeur nature.
Reportez-les sur du papier et utilisez ces patrons
pour découper les différentes parties des fleurs à
réaliser. Toutes les techniques mentionnées ici sont
présentées en détail dans le chapitre « Matériel
et techniques générales ».

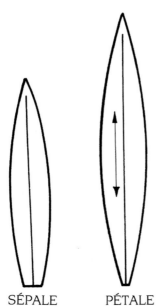

SÉPALE   PÉTALE

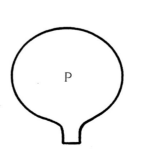
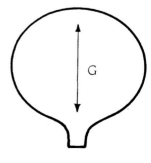

P   G

FEUILLES D'EUCALYPTUS

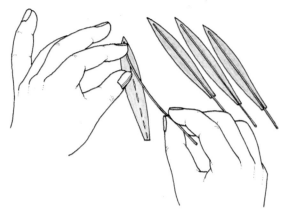

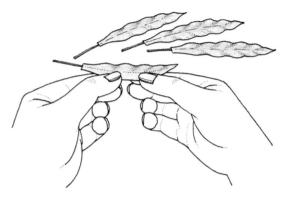

PÉTALES

1 Coupez vingt-quatre longueurs de 9 cm de fil métallique fin, gainé de blanc, et teintez-les avec le feutre rose. Collez une tige sur chaque pétale.

2 Quand les tiges sont bien collées, étirez le bord des pétales pour qu'ils soient ondulés.

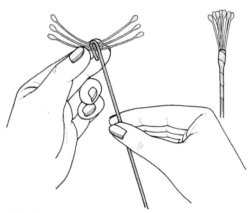

3 Préparez quatre centres de fleurs, chacun étant constitué d'une tige métallique de 13 cm, de calibre moyen, de trois étamines roses et de ruban floral adhésif.

4 La face tigée étant dirigée vers l'extérieur, disposez six pétales autour d'un centre.

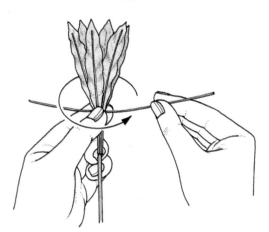

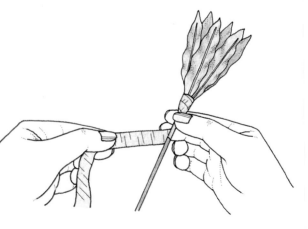

6 Couvrez le lien et la base des pétales de ruban adhésif vert, et gainez la tige jusqu'en bas.

5 Fixez la base des pétales sur la tige, avec un lien métallique fin (0,6 mm environ).

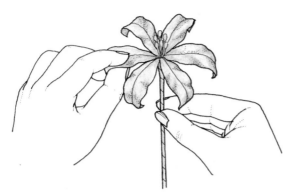

7 Recourbez délicatement les pétales vers l'extérieur, un par un, donnant ainsi à la fleur son aspect caractéristique. Répétez les opérations 4 à 7 avec les autres pétales.

ASSEMBLAGE

8 Coupez une assez grande longueur de fil métallique de gros calibre et faites un petit crochet au bout. Assemblez les tiges de deux fleurs avec du ruban crépon, à environ 7 cm sous les fleurs, et ancrez le crochet entre elles. Gainez ensemble les tiges des fleurs et la tige principale.

9 Ajoutez les autres fleurs à la même hauteur, autour de la tige principale. Il vous faudra courber légèrement les tiges pour pouvoir les assembler avec du ruban floral adhésif.

10 Sur chaque sépale du calice, collez une tige de 7 cm de fil métallique de moyen calibre, gainé de vert. La face tigée étant vers l'extérieur, placez les sépales à la jonction des tiges des fleurs, tout autour, et gainez la tige jusqu'en bas.

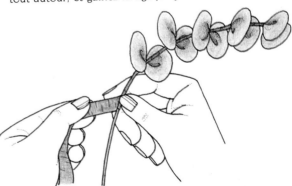

FINITION

11 Arrangez les fleurs de façon qu'elles forment une « tête » fleurie bien ronde, à la manière des nérines.

12 Comme sur la photographie de la page précédente, vous pouvez présenter les nérines avec quelques rameaux d'eucalyptus de teinte assortie.

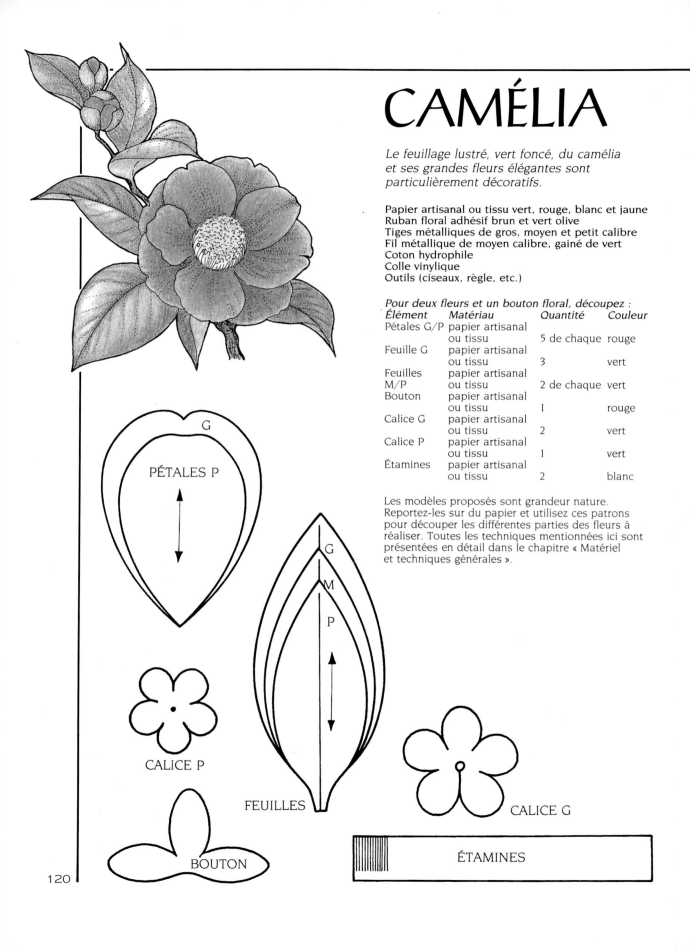

CAMÉLIA

Le feuillage lustré, vert foncé, du camélia et ses grandes fleurs élégantes sont particulièrement décoratifs.

Papier artisanal ou tissu vert, rouge, blanc et jaune
Ruban floral adhésif brun et vert olive
Tiges métalliques de gros, moyen et petit calibre
Fil métallique de moyen calibre, gainé de vert
Coton hydrophile
Colle vinylique
Outils (ciseaux, règle, etc.)

Pour deux fleurs et un bouton floral, découpez :

Élément	Matériau	Quantité	Couleur
Pétales G/P	papier artisanal ou tissu	5 de chaque	rouge
Feuille G	papier artisanal ou tissu	3	vert
Feuilles M/P	papier artisanal ou tissu	2 de chaque	vert
Bouton	papier artisanal ou tissu	1	rouge
Calice G	papier artisanal ou tissu	2	vert
Calice P	papier artisanal ou tissu	1	vert
Étamines	papier artisanal ou tissu	2	blanc

Les modèles proposés sont grandeur nature. Reportez-les sur du papier et utilisez ces patrons pour découper les différentes parties des fleurs à réaliser. Toutes les techniques mentionnées ici sont présentées en détail dans le chapitre « Matériel et techniques générales ».

G

PÉTALES P

G

M

P

CALICE P

FEUILLES

CALICE G

BOUTON

ÉTAMINES

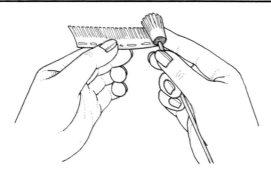

ÉTAMINES

1 Coupez une tige de 10 cm de fil métallique de moyen calibre et faites un petit crochet au bout. Frangez très finement un bord de la bande d'étamines. Étalez un peu de colle le long de l'autre bord et ancrez le crochet à une extrémité. Enroulez les étamines autour de la tige, serrez bien et fixez l'extrémité par un point de colle.

2 Coupez une petite quantité de matériau jaune en fines paillettes. Trempez l'extrémité du faisceau d'étamines dans la colle puis dans les paillettes jaunes pour bien les faire adhérer. Répétez ces opérations avec l'autre bande d'étamines.

BOUTON FLORAL

3 Avec une tige de 10 cm de fil métallique de gros calibre et du coton, préparez un petit pompon de la taille du bout du petit doigt. Collez le bouton en forme de trèfle sur le pompon, de sorte que le pompon soit entièrement recouvert.

4 Passez la tige du bouton au centre du calice P.

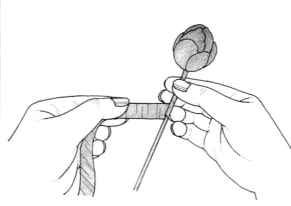

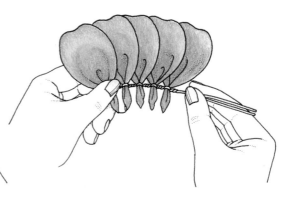

PETITE FLEUR

6 Répétez les étapes 4 à 6 de la réalisation d'une rose (voir p. 130) avec les pétales P.

5 Fixez le calice sur le bouton avec quelques points de colle. Gainez toute la tige, en commençant juste sous le calice, avec le ruban crépon adhésif vert olive.

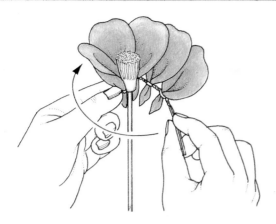

7 La face en coupe étant vers l'intérieur, entourez le faisceau d'étamines des cinq pétales. Enroulez le fil métallique qui dépasse autour de la base des pétales, pour bien les assujettir.

8 Couvrez le fil métallique de ruban crépon pour le masquer, puis collez un calice G autour de la base des pétales. Gainez la tige jusqu'en bas.

GRANDE FLEUR

9 Répétez les étapes 6 à 8 avec les pétales G et l'autre bande d'étamines.

ASSEMBLAGE

10 Collez sur chaque feuille une tige métallique de moyen calibre de 9 cm de longueur gainée de vert. Assemblez le bouton de camélia et une feuille P avec le ruban floral brun enroulé vers le bas...

11 ... ajoutez l'autre feuille P et les feuilles M, à environ 2 cm d'intervalle, la petite fleur...

12 ... les grandes feuilles (G), et enfin la grande fleur. Terminez de gainer la tige jusqu'à sa base.

CYCLAMEN

Les belles fleurs, reconnaissables entre toutes, du cyclamen, et ses feuilles en cœur joliment marbrées en font l'une des plantes fleuries les plus appréciées dans la maison.

Papier artisanal ou tissu vert et rose
Ruban floral adhésif vert olive et brun
Fil métallique de gros calibre
Fil métallique fin, gainé de blanc
Petit pot de fleurs ou cache-pot rempli de mousse
   synthétique
Feutre rose
Coton hydrophile
Colle vinylique
Outils (ciseaux, règle, etc.)

Pour une plante, découpez :

Élément	Matériau	Quantité	Couleur
Pétale	papier artisanal ou tissu	12	rose
Feuilles G/M/P	papier artisanal ou tissu	3 de chaque	vert
Bouton	papier artisanal ou tissu	2	rose

Les modèles proposés sont grandeur nature. Reportez-les sur du papier et utilisez ces patrons pour découper les différentes parties des fleurs à réaliser. Toutes les techniques mentionnées ici sont présentées en détail dans le chapitre « Matériel et techniques générales ».

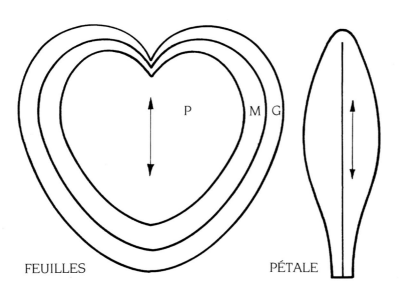

FEUILLES   P   M   G   PÉTALE

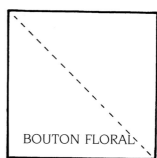

BOUTON FLORAL

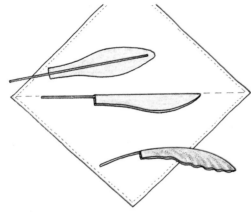

FLEUR

1 Coupez douze longueurs de 9 cm de fil
métallique fin, gainé de blanc, et teintez-les
avec le feutre rose. Collez une tige sur chaque
pétale, puis froissez-le.

2 Coupez 15 cm de tige métallique de gros calibre
et faites un petit crochet au bout. La face tigée
étant dirigée vers l'extérieur, placez six pétales
autour du crochet.

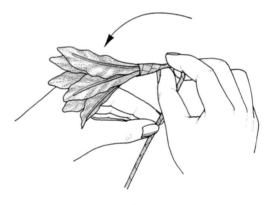

3 Fixez les pétales sur le crochet à leur base,
avec du ruban crépon brun enroulé jusqu'au bas
de la tige.

4 Inclinez la fleur vers le bas, en pliant la tige juste
sous la base de la fleur.

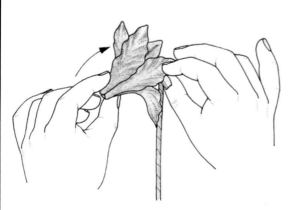

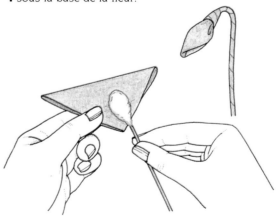

5 À environ 1 cm au-dessus de la base
des pétales, recourbez ceux-ci vers l'arrière.
Répétez les étapes 2 à 5 avec les autres pétales,
pour obtenir une autre fleur.

BOUTON DE CYCLAMEN

6 Préparez les deux boutons, chacun étant
constitué d'une tige de 10 cm de fil métallique
épais, d'un pompon en amande, de la pièce réservée
à cet effet et de ruban crépon brun. Gainez les tiges
jusqu'à leur base et inclinez nettement les boutons
vers le bas, comme ceux des fleurs véritables.

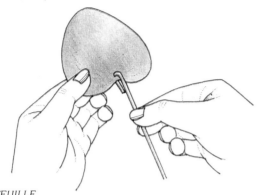

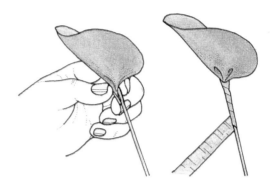

FEUILLE

7 Coupez une tige de 13 cm de fil métallique de gros calibre et faites un crochet au bout. Ancrez celui-ci à la base de la feuille, comme indiqué ci-dessus.

8 Froncez légèrement la base de la feuille autour du crochet. Maintenez le tout en gainant entièrement la tige de ruban crépon vert olive. Répétez les opérations 7 et 8 avec les autres feuilles.

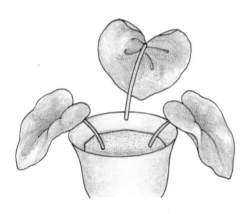

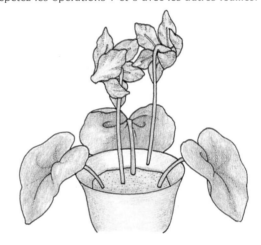

ASSEMBLAGE

9 Piquez les grandes feuilles G dans le bloc de mousse, de façon qu'elles forment un triangle.

10 Placez les deux fleurs au centre de la composition.

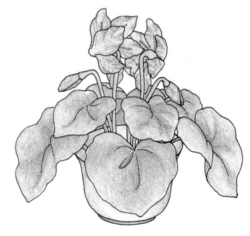

11 Disposez les feuilles petites et moyennes, P et M, entre les grandes, terminez avec les boutons de cyclamen.

FINITION

12 Arrangez délicatement les fleurs, boutons et feuilles, pour leur donner un aspect aussi naturel que possible.

ROSE

L'élégance et la beauté classique des roses apportent une touche de romantisme dans les bouquets et autres réalisations florales.

Papier artisanal ou tissu vert et rouge
Ruban floral adhésif vert
Tiges métalliques de gros et petit calibre
Fil métallique de moyen calibre, gainé de vert
Coton hydrophile
Colle vinylique
Outils (ciseaux, règle, etc.)

Pour une grande fleur, découpez :

Élément	Matériau	Quantité	Couleur
Pétale G	papier artisanal ou tissu	5	rouge
Pétale M	papier artisanal ou tissu	4	rouge
Pétale P	papier artisanal ou tissu	3	rouge
Feuille G	papier artisanal ou tissu	5	vert
Feuille. P	papier artisanal ou tissu	3	vert
Bouton floral	papier artisanal ou tissu	1	rouge
Calice	papier artisanal ou tissu	1	vert

Les modèles proposés sont grandeur nature. Reportez-les sur du papier et utilisez ces patrons pour découper les différentes parties des fleurs à réaliser. Toutes les techniques mentionnées ici sont présentées en détail dans le chapitre « Matériel et techniques générales ».

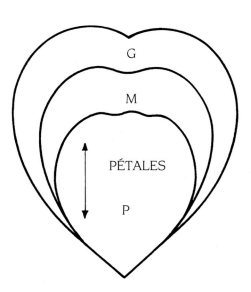

BOUTON

PÉTALES

G

M

P

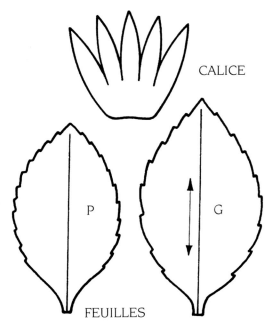

CALICE

FEUILLES

P

G

FEUILLES

1 Collez une tige de 10 cm de fil métallique de moyen calibre sur chaque feuille. Marquez les nervures.

2 La face armée de chaque feuille étant dirigée vers le bas, assemblez les trois feuilles P avec du ruban crépon. Assemblez de la même façon trois feuilles G, puis ajoutez les deux autres feuilles environ 2 cm plus bas, tout en gainant la tige.

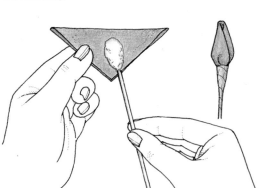

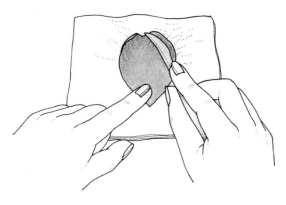

BOUTON FLORAL

3 Préparez le bouton, constitué d'une assez longue tige métallique de gros calibre (pour la tige de la rose), d'un pompon de coton de la taille d'une belle amande, du carré de tissu ou de papier et de ruban adhésif pour l'assemblage.

FLEUR

4 Ourlez délicatement les bords supérieurs des pétales. Retournez ensuite chaque pétale.

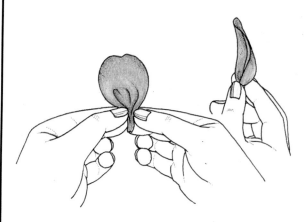

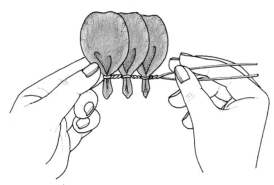

5 Froncez régulièrement la base de chaque pétale et donnez-leur une forme en coupe. Les bords ourlés étant enroulés vers l'extérieur...

6 ... groupez les pétales P (voir « Assemblage d'un groupe » p. 16) sur une tige métallique.

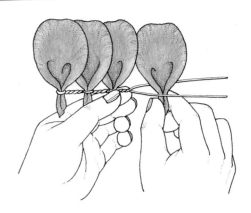

7 Répétez les étapes 5 et 6 avec les pétales M.

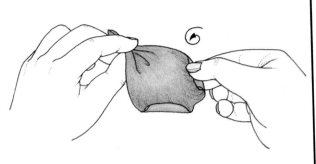

8 Enroulez un peu plus les bords des pétales G.

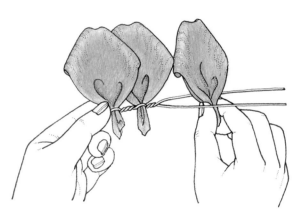

9 Répétez les étapes 5 et 6 avec les pétales G.

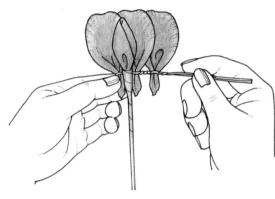

GRANDE FLEUR
10 Le côté incurvé étant dirigé vers l'intérieur, entourez le bouton floral des pétales P.

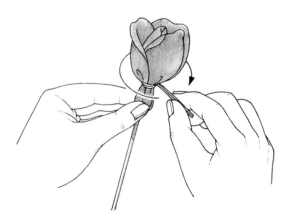

11 Enroulez les extrémités libres de la tige métallique autour de la base des pétales, pour bien les fixer sur la tige de la fleur.

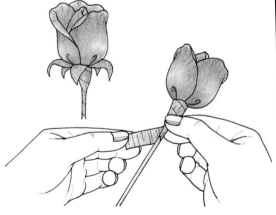

12 Recouvrez cette ligature de ruban crépon adhésif. S'il s'agit d'une petite rose, fixez le calice autour de la base des pétales avec du ruban crépon, puis ajoutez les groupes de feuilles P et G un peu plus bas sur la tige (voir étape 17). Gainez la tige jusqu'à sa base.

13 Le côté incurvé étant vers l'intérieur, entourez les pétales P des pétales M. Enroulez les extrémités de fil métallique autour de la base des pétales pour bien les maintenir en place.

14 Masquez la base des pétales et les liens avec du ruban crépon. Pour une rose de taille moyenne, fixez le calice à la base de la fleur. Pour terminer la rose, ajoutez alors les groupes de feuilles P et G (étape 17), puis continuez de gainer la tige de ruban vert, jusqu'en bas.

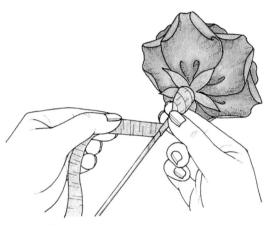

15 La face incurvée dirigée vers l'intérieur, entourez les pétales M des pétales G. Fixez de la même façon la base des pétales sur la tige, avec les extrémités de fil métallique.

16 Placez le calice à la base des pétales et maintenez-le en place en gainant la base de la fleur de ruban floral adhésif enroulé très progressivement vers le bas de la tige.

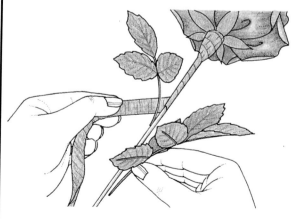

17 Environ 10 cm sous la fleur, ajoutez le groupe de petites feuilles (P). Continuez à enrouler le ruban crépon vers le bas et, 5 cm plus bas environ, ajoutez le groupe de grandes feuilles (G). Terminez l'habillage de la tige de ruban floral.

FINITION

18 Arrangez la fleur et les feuilles selon votre goût.

PIVOINE

Voici un excellent moyen de profiter toute l'année de la beauté des grandes fleurs de pivoine.

Papier artisanal ou tissu vert, rose et jaune
Ruban floral adhésif vert
Fil métallique de gros calibre
Fil métallique de moyen calibre, gainé de vert
Fil métallique fin, gainé de blanc
60 étamines jaunes
Feutre rose
Coton hydrophile
Colle vinylique
Outils (ciseaux, règle, etc.)

Pour une fleur et un bouton, découpez :

Élément	Matériau	Quantité	Couleur
Pétale TG	papier artisanal ou tissu	5	rose
Pétale G	papier artisanal ou tissu	5	rose
Pétale M	papier artisanal ou tissu	5	rose
Pétale P	papier artisanal ou tissu	13	rose
Feuille G	papier artisanal ou tissu	1 de chaque	vert
Feuille M	papier artisanal ou tissu	1	vert
Feuille P	papier artisanal ou tissu	3	vert
Calice A	papier artisanal ou tissu	3	vert
Calice B	papier artisanal ou tissu	2	vert
Centre	papier artisanal ou tissu	1	jaune

Les modèles proposés sont grandeur nature. Reportez-les sur du papier et utilisez ces patrons pour découper les différentes parties des fleurs à réaliser. Toutes les techniques mentionnées ici sont présentées en détail dans le chapitre « Matériel et techniques générales ».
   Vous trouverez aux pages suivantes les patrons des pétales TG et G, des feuilles G, M et P, et du centre de la fleur.

A

CALICE

B

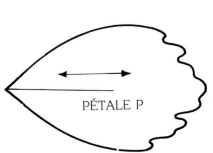

PÉTALE P

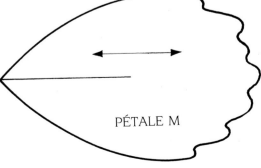

PÉTALE M

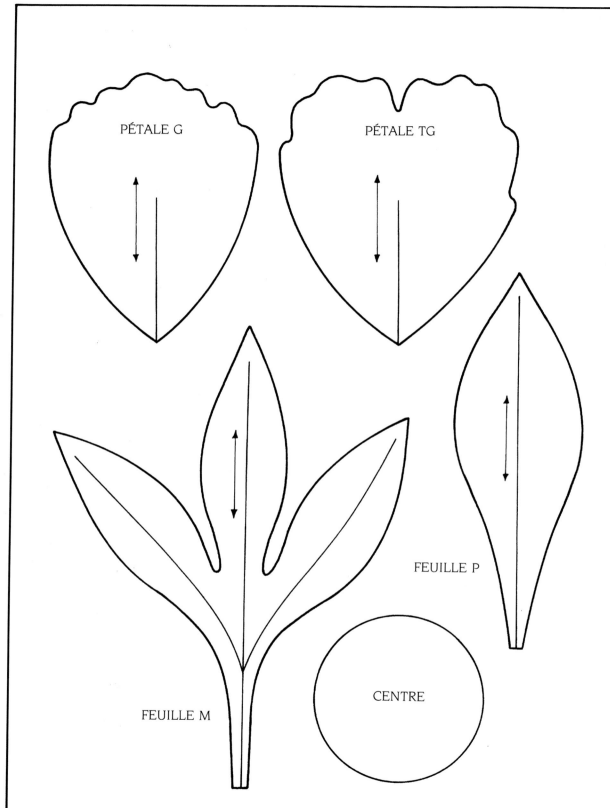

PÉTALE G

PÉTALE TG

FEUILLE P

FEUILLE M

CENTRE

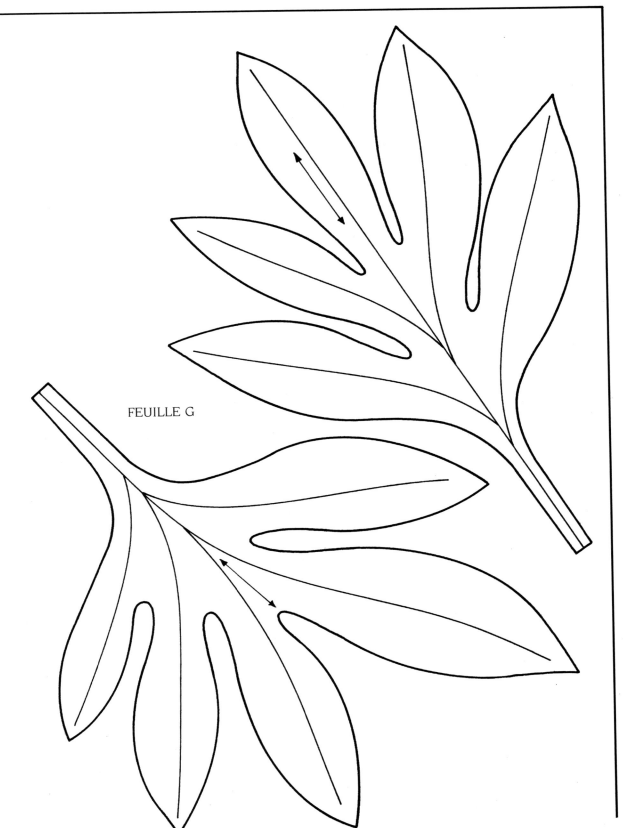

FEUILLE G

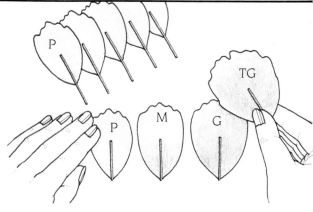

FEUILLE

1 Coupez des longueurs appropriées de tige métallique de moyen calibre et collez-les sur leurs feuilles respectives, comme illustré ci-dessus.

2 Avec le feutre, teintez de rose le fil métallique fin gainé de blanc. Coupez treize longueurs de 5 cm de ce fil et collez-les sur les pétales P, à partir de leur milieu (vers le bas). Mettez trois pétales P de côté pour le bouton floral, et recoupez la partie qui dépasse des tiges de cinq autres pétales P.

De même, coupez des longueurs appropriées de fil métallique rose et collez-les sur les autres pétales (TG, G, M), comme illustré ci-dessus.

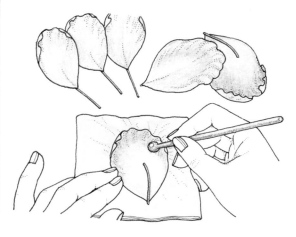

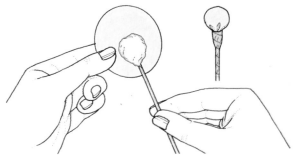

3 La face tigée étant dirigée vers le bas, faites bomber chaque pétale, excepté les trois destinés au bouton. Retournez ensuite les pétales TG, G et M uniquement, pour ourler leur bord supérieur.

PETITE BOULE CENTRALE

4 Avec un peu de coton et une tige de 15 cm de fil métallique de gros calibre, préparez un pompon de la taille de la moitié de l'ongle du pouce. Recouvrez ce pompon avec la pièce destinée au centre. Fixez cette pièce à la base, avec du ruban crépon enroulé sur la tige.

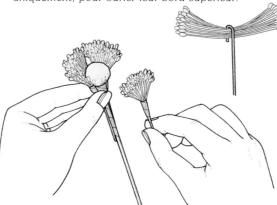

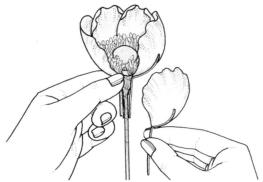

5 Préparez trois centres de fleurs, chacun étant constitué de 5 cm de fil métallique fin portant un bouquet de 20 étamines jaunes maintenues avec du ruban crépon vert. Fixez ces trois bouquets d'étamines autour de la petite boule centrale, avec du ruban crépon.

6 La face concave étant vers l'intérieur, placez cinq pétales P (avec la tige métallique dépassant en bas) autour du centre de la fleur. Fixez-les sur la tige en gainant de ruban crépon adhésif les extrémités des tiges des pétales.

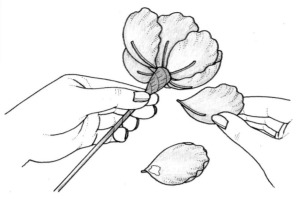

7 La face concave étant dirigée vers l'intérieur, placez cinq autres pétales P autour des précédents, en position décalée, et collez-les. Attendez que la colle soit bien sèche pour passer à l'étape suivante.

8 Répétez l'opération 7 avec les pétales de taille moyenne (M), toujours en les décalant par rapport à la rangée précédente.

9 Répétez l'opération 7 avec les grands pétales (G), en veillant à les décaler par rapport aux pétales M.

10 Répétez l'étape 7 avec les très grands pétales (TG), toujours décalés par rapport à la rangée de grands pétales G.

11 Collez les calices A sous la fleur, disposés en triangle. Placez un calice B autour de la base de la fleur, décalé par rapport aux calices A. Froncez légèrement la base du calice B, afin qu'il enserre bien la base de la fleur, et collez ses extrémités contre les pétales.

12 Fixez la base du calice B sur la tige, en la couvrant de ruban crépon adhésif que vous enroulerez jusqu'à la base de la tige de la fleur.

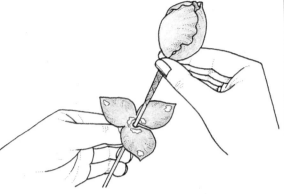

BOUTON FLORAL

13 La face armée étant vers l'intérieur, faites bomber les trois pétales P mis de côté dans la deuxième étape (2). Sur une assez longue tige de fil métallique de gros calibre, préparez un pompon de la taille du pouce et entourez-le des pétales P, face concave vers l'intérieur. Maintenez les pétales en place en enroulant du ruban crépon autour des extrémités de leurs tiges...

14 ... et de la tige du bouton. Placez quelques points de colle sur l'autre calice B, et mettez-le en place pour qu'il enveloppe la base du bouton.

15 Commencez à gainer la tige de ruban crépon vert juste sous le bouton. Environ 3 cm plus bas, ajoutez les feuilles P, à 2 cm d'intervalle, en continuant à gainer la tige...

16 ... puis la feuille de taille moyenne M, puis...

17 ... 3 cm plus bas environ, disposez la fleur de pivoine épanouie et les grandes feuilles G. Continuez à gainer la tige...

18 ... jusqu'en bas. Arrangez ensuite bouton, fleur et feuilles selon vos goûts.

Teinture et apprêt des matériaux

TEINTURE

Les teintures permettent d'obtenir les divers tons, les effets de dégradés et les panachures que l'on observe chez les vraies fleurs – donc des réalisations plus « naturelles ».

Choisissez toujours les teintures et les techniques les plus appropriées au matériau. Avant de teindre, faites tremper celui-ci (papier artisanal et tissu uniquement) dans la solution d'imprégnation (mordant). Travaillez avec des gants en caoutchouc et couvrez le plan de travail d'une ou deux épaisseurs de papier journal. Tous les outils et équipements mentionnés ici sont présentés en détail dans « Outils et matériel nécessaires ».

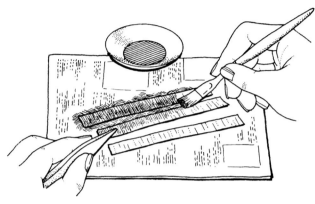

RUBAN ADHÉSIF DE FLEURISTE
Coupez des longueurs appropriées de ruban adhésif blanc. Avec un pinceau, passez-les entièrement à l'encre de la teinte voulue. Si vous avez besoin de ruban adhésif marron, essayez de teindre du ruban vert avec une encre rouge.

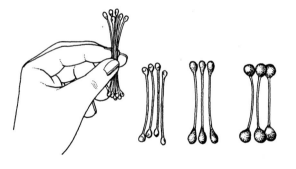

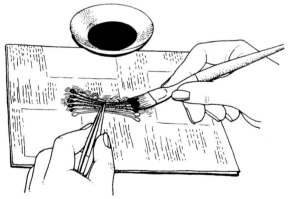

ÉTAMINES
On les trouve dans une large gamme de teintes et de tailles différentes. Si vous ne trouvez pas la teinte désirée, achetez-en des blanches que vous teindrez à l'encre, en les tenant par le milieu avec une pince fine. Une autre solution consiste à tremper les extrémités dans l'encre.

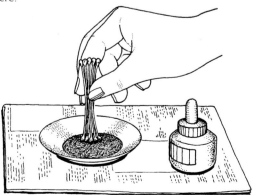

PAPIER CRÉPON

Des techniques simples de teinture permettent d'obtenir un papier aux tons dégradés, donc un aspect plus naturel des fleurs. Le papier crépon peut être teint avec une encre ou une teinture fixée directement (sans mordant). Vous pouvez également plonger le papier dans de l'eau chaude, de façon à libérer l'encre dont il est imprégné. La solution peut ensuite être utilisée comme teinture.

2 Mettez des gants en caoutchouc avant de verser la teinture dans une soucoupe.

1 Laissez le papier crépon plié tel qu'à l'achat et coupez (perpendiculairement au sens du papier) la quantité nécessaire.

3 Plongez l'extrémité du papier crépon dans la soucoupe et laissez-le s'imprégner par capillarité. Sortez-le du bain quand la teinture est parvenue à environ 1 cm de l'autre bord...

4 ... et pressez le papier pour en extraire l'excès de teinture.

5 Placez le papier crépon teint sur du papier journal. Dépliez-le délicatement, sans l'étirer dans sa largeur, et laissez-le sécher.

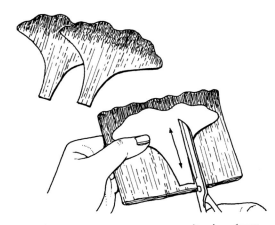

6 Lorsqu'il est parfaitement sec, repliez le crépon comme au départ. Il est prêt à être découpé.

TEINTES MÉLANGÉES

De nombreuses fleurs, comme le cyclamen
ou l'hortensia, ont des feuilles et/ou des pétales
présentant une belle association de teintes. Il est
facile d'obtenir un tel effet avec une encre ou
une teinture appliquées sur un papier artisanal
ou un tissu déjà colorés.

1 Trempez le matériau à teindre dans la solution
d'imprégnation.

3 Maintenez cette forme aplatie du bout des doigts
(pour éviter qu'elle ne s'étale) et trempez-la dans
une soucoupe de teinture. Laissez-la quelques
secondes puis sortez-la, retournez-la et plongez-la
dans une autre teinture.

5 Dépliez délicatement le matériau, en veillant
à ne pas le déchirer.

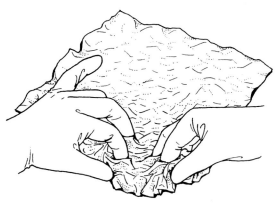

2 Étalez soigneusement le papier ou le tissu sur
une surface plane et froissez-le en commençant
par un coin, sans le mettre en boule.

4 Attendez à nouveau quelques secondes avant
de sortir le papier ou le tissu, pressez-le
délicatement pour mêler les teintures et éliminer
l'excès de liquide.

6 Suspendez-le pour qu'il sèche bien.

TISSU

La technique suivante est utilisée pour obtenir
un dégradé ou une teinte unie, sur tissu, avec
de l'encre ou une teinture rapide. Attendez toujours
que la teinture soit parfaitement sèche avant
de donner au tissu l'apprêt nécessaire pour
la découpe.

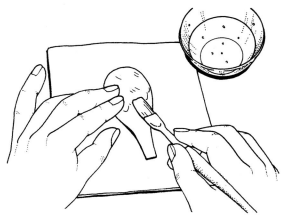

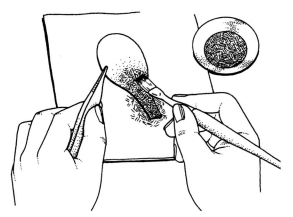

DÉGRADÉ

1 Placez le pétale préalablement découpé sur
une surface imperméable. Au pinceau, couvrez-le
entièrement de solution d'imprégnation et attendez
que celle-ci ait bien pénétré avant de passer
à l'étape suivante.

2 Avant que la solution d'imprégnation ne soit
sèche, passez la teinture au pinceau sur
la surface voulue. Le matériau étant humide, la
teinture s'étend peu à peu en dégradé. Faites sécher
le pétale avant de lui donner la couche d'apprêt.

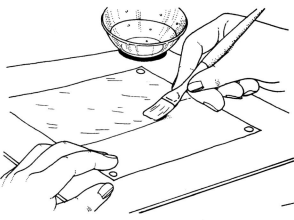

TEINTE UNIE

1 Placez le carré de tissu sur une planchette ou
un carton épais. Étirez-le bien en place et fixez-le
aux quatre coins avec des épingles. Couvrez toute
la surface de solution d'imprégnation, au pinceau.
Laissez la solution pénétrer avant de passer
à l'étape suivante.

2 Avant que la solution d'imprégnation ne soit
sèche, passez la teinture au pinceau. Suspendez
le tissu avant de lui donner l'apprêt nécessaire.

APPRÊT DU TISSU

La couche d'apprêt donne de la tenue au tissu et évite que les bords des pétales et des feuilles ne s'effilochent.

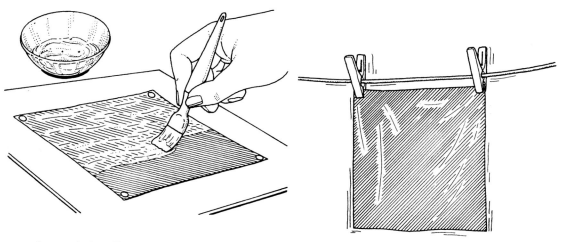

1 Mélangez de la colle à tapisserie à de l'eau, en respectant les proportions indiquées sur l'emballage. Au pinceau, enduisez toute la surface de colle.

2 Détachez délicatement le morceau de tissu du plan de travail et suspendez-le pour le faire sécher.

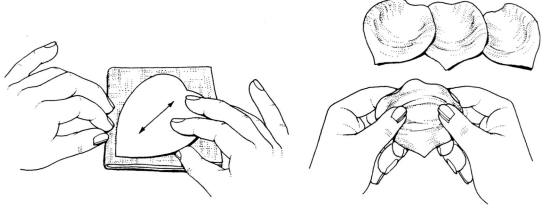

3 Une fois sec, le tissu peut être découpé. Si vous utilisez un gabarit, n'oubliez pas de placer la double flèche du modèle dans le biais du tissu.

4 Le tissu apprêté peut être modelé, ce qui permet de donner du volume et de la souplesse à la fleur.

Découpe des pétales

La découpe des détails parfois complexes d'un ensemble de pétales peut prendre beaucoup de temps. Les techniques simples présentées ci-dessous vous permettront de procéder en quelques coups de ciseaux.

SIX PÉTALES

Cette technique est idéale pour les réalisations demandant un grand nombre de fleurs à six pétales.

Avant de commencer, coupez un rectangle de la même hauteur que le modèle illustré dans le matériau choisi.

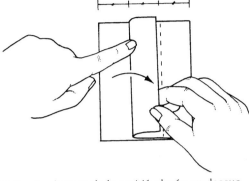

1 Placez le rectangle devant vous, en tenant la feuille dans sa largeur, et pliez-le en deux de la droite vers la gauche.

2 Repliez le tiers de la moitié placée au-dessus de l'autre, vers la droite.

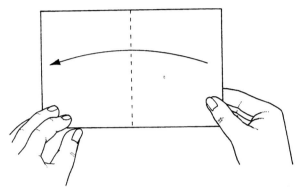

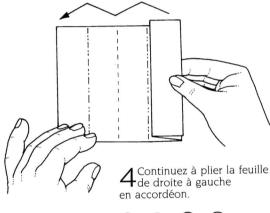

4 Continuez à plier la feuille de droite à gauche en accordéon.

3 Rouvrez la feuille pliée en deux en maintenant le tiers replié, puis repliez en deux la partie de droite, qui vient donc sur le milieu.

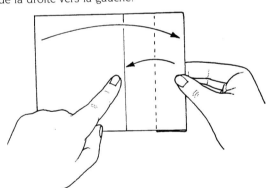

5 Découpez la forme d'un pétale en maintenant l'accordéon plié.

6 Dépliez délicatement la bande pour obtenir l'ensemble des six pétales. Recoupez une ou deux pliures si la fleur ne compte que quatre ou cinq pétales.

CINQ PÉTALES

Cette technique est recommandée pour
les réalisations comptant de nombreuses fleurs
à cinq pétales, comme le cerisier du Japon ou
le fraisier.

Avant de commencer, découpez dans
le papier ou le tissu un carré d'une taille
correspondant à la corolle de la fleur illustrée.

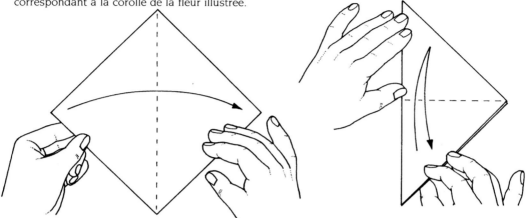

1 Placez le carré en losange devant vous et
repliez-le en deux, la moitié gauche sur la droite.

2 Repliez la moitié inférieure sur la moitié
supérieure, puis dépliez.

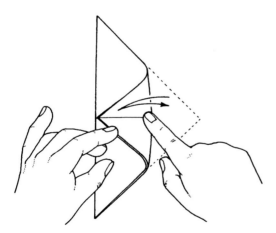

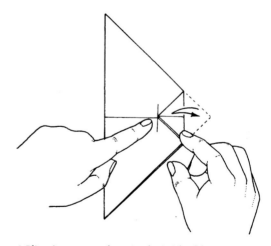

3 Repliez le coin droit (double) sur la gauche
jusqu'à la hauteur du losange, marquez le pli
du doigt au milieu, puis dépliez.

4 Pliez à nouveau le coin droit (double) vers
la gauche, cette fois jusqu'à la marque obtenue
à l'étape 3. Marquez toute la pliure et dépliez.

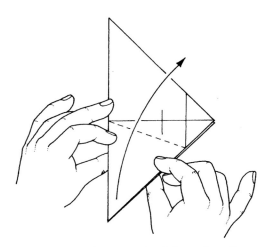

5 En partant du centre du côté gauche, pliez la pointe inférieure du triangle vers la droite en vous aidant des marques précédentes. Repérez bien les extrémités de la pliure...

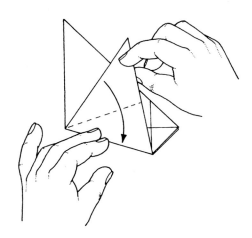

6 ... puis repliez le triangle obtenu sur lui-même, en l'alignant sur la pliure inférieure.

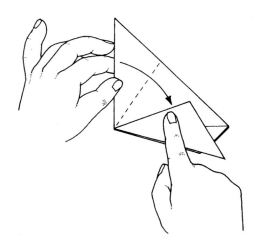

7 Repliez de la même façon la partie supérieure gauche du triangle d'origine.

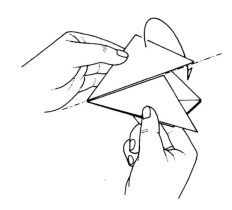

8 Repliez-le de moitié dans le sens opposé.

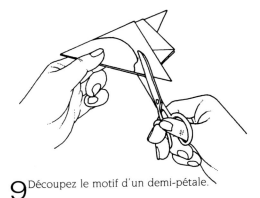

9 Découpez le motif d'un demi-pétale.

10 Dépliez délicatement le carré de tissu ou de papier pour retrouver l'ensemble des cinq pétales.

QUATRE PÉTALES

Cette technique est à appliquer aux réalisations demandant de nombreuses fleurs à quatre pétales, comme l'hortensia ou l'œillet.

Avant de commencer, découpez dans le papier ou le tissu un carré de taille correspondant à la corolle de la fleur illustrée.

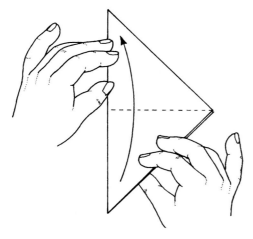

1 Placez-le en losange devant vous et pliez-le en deux, la moitié gauche venant sur la moitié droite. Repliez-le encore en deux, du bas vers le haut.

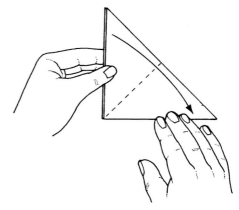

2 En prenant soin de ne pas tordre ni étirer le matériau, repliez sur l'angle inférieur droit l'angle supérieur gauche du triangle (en quatre épaisseurs).

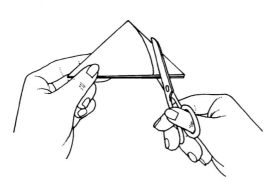

3 Découpez la pointe droite en arc de cercle et dépliez soigneusement le matériau pour obtenir la corolle de l'œillet.

4 Ou bien découpez la forme du modèle illustré et dépliez délicatement le papier ou le tissu pour obtenir les quatre pétales de la fleur d'hortensia.

Bouquet de mariée et boutonnière-assemblage

Un aspect important de la réalisation des fleurs en papier est le choix de leur destination finale. Ainsi, des fleurs comme celles du cyclamen ou du fraisier feront plus d'effet dans un pot, tandis que lis et bouvardias seront parfaitement mis en valeur en gerbe ou en bouquet à tenir à la main. (Voir page 102, « Pour une gerbe ou un bouquet ».)

Fil métallique fin, naturel et gainé de blanc
Ruban adhésif blanc de fleuriste
Lis, bouvardias et longue branche constituant l'axe du bouquet
Tulle blanc
Poignée pour bouquet (à se procurer chez les fleuristes ou dans certaines magasins de bricolage)
Ruban blanc en tissu ou en papier
Outils (ciseaux, règle ou mètre-ruban...)

Ces matériaux permettent de réaliser un bouquet de taille moyenne.

Pour un effet délicieusement romantique, choisissez le blanc comme teinte dominante du bouquet, y compris pour les accessoires, tiges métalliques, tulle, ruban, etc.

COLLERETTE DE TULLE

Cette décoration légère apporte une note d'élégance au bouquet et permet de masquer la base des tiges.

Commencez par découper des carrés de tulle dont les côtés seront égaux au diamètre du bouquet terminé (approximativement).

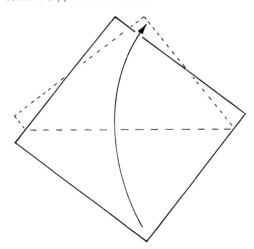

1 Placez un carré de tulle en losange devant vous et repliez-le en deux vers le haut, en décalant légèrement les deux pointes.

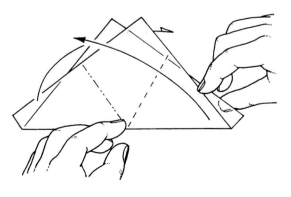

2 En partant du centre de la base de la figure, repliez le coin droit d'un tiers vers la gauche, puis le coin gauche d'un tiers vers la droite, mais en pliant vers l'« envers » par rapport à vous.

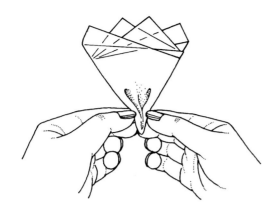

3 Formez de petites fronces régulières à la base du cône obtenu.

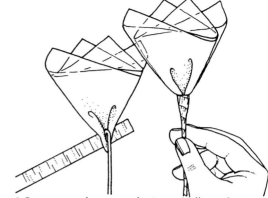

4 Coupez une longueur de tige métallique fine (0,8 mm de diamètre environ) et faites un petit crochet à une extrémité. Ancrez ce crochet dans les fronces. Avec du ruban crépon adhésif blanc, fixez la base des fronces sur le crochet métallique.

FINITION

Gainez toute la tige métallique. Il vous faudra environ six à huit carrés de tulle pliés ainsi pour former une collerette de taille moyenne.

NŒUD EN RUBAN

Cette décoration donne une finition très « professionnelle » à un bouquet de mariée ou à une boutonnière. Elle est facile à réaliser en suivant bien les différentes étapes. Choisissez un ruban en papier ou en tissu d'une teinte assortie aux fleurs du bouquet.

Commencez par couper une longueur de tige métallique fine et par dérouler un peu de ruban.

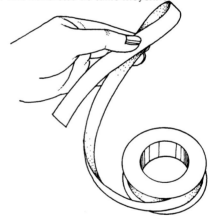

1 Faites une boucle assez grande avec le ruban déroulé, en laissant l'extrémité former une « queue » plus longue que la boucle.

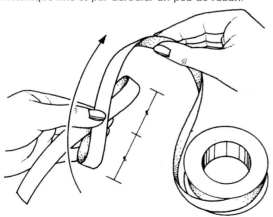

2 Déroulez un peu plus de ruban et repliez-le vers le haut, en formant ainsi une autre boucle de même taille que la première. Vous tenez entre les doigts une sorte de huit.

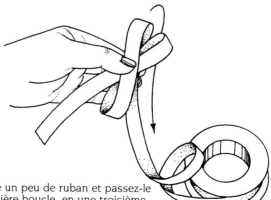

3 Déroulez encore un peu de ruban et passez-le derrière la première boucle, en une troisième boucle de même taille.

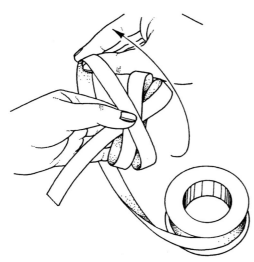

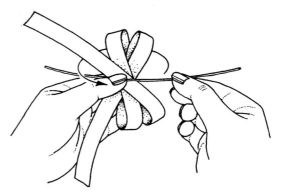

4 Déroulez une dernière longueur de la bobine de ruban. Repassez le ruban au centre de la figure pour former une quatrième boucle identique. Vous tenez ainsi deux figures en huit légèrement décalées. Coupez alors le ruban en laissant une deuxième « queue » de la même longueur que la première.

5 Maintenez le centre du double huit par une boucle de tige métallique fine, repliée en son milieu.

FINITION
6 Faites une découpe en V dans les extrémités libres du ruban.

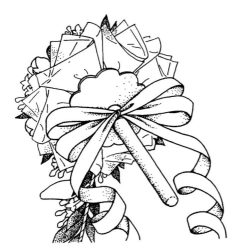

ASSEMBLAGE DU BOUQUET DE MARIÉE

Arrangez lis, bouvardias et une longue branche constituant l'axe, et liez-les ensemble avec du ruban adhésif blanc. Placez la collerette de tulle à la base du bouquet, de façon à masquer les tiges, et fixez-la avec du ruban adhésif blanc. Glissez l'ensemble des tiges à l'intérieur de la poignée. Pour former une poignée, vous pouvez également grouper l'ensemble des tiges et les recouvrir entièrement de ruban crépon adhésif blanc enroulé bien serré. Fixez le nœud en ruban en haut de la poignée avec du fil métallique fin. Pour une finition plus décorative, vous pouvez prévoir un nœud aux « queues » beaucoup plus longues que vous ferez boucler en étirant le ruban avec les lames des ciseaux.

PRÉPARATION D'UNE BOUTONNIÈRE

Coupez les tiges des fleurs, feuilles et boutons floraux aussi court que possible. Disposez les différents éléments comme vous l'entendez, puis fixez les tiges ensemble en les recouvrant entièrement d'un ruban crépon de teinte appropriée.

FINITION
Fixez le nœud en ruban avec du fil métallique fin.

Compositions florales

Les fleurs en papier ou en tissu font beaucoup plus d'effet lorsqu'elles sont présentées en groupe. Au fil des ans se sont développées de très nombreuses « écoles », méthodes, techniques et modèles de compositions florales, en d'autres termes d'art floral. Dans les deux styles de composition proposés ici (classique occidentale et d'inspiration japonaise), nous donnons quelques suggestions pour la réalisation, mais sachez qu'il n'y a pas de règles strictes en la matière – la composition finale dépend, bien sûr, des goûts et des préférences de chacun.

COMPOSITION CLASSIQUE

Ce style d'arrangement adopte le plus souvent une forme triangulaire, avec des fleurs et feuillages serrés, laissant peu d'espaces libres. Il utilise trois catégories de fleurs : principales (roses, lis ou autres fleurs à « personnalité » marquée), de teintes assorties (œillets, freesias, tulipes) et enfin complémentaires, pour occuper les espaces vides (fraisier, bouvardia, cerisier du Japon). Dans l'exemple illustré, nous avons choisi des roses (grandes, petites et moyennes) comme thème principal, des œillets pour la deuxième catégorie et des bouvardias pour la troisième.

Avant de commencer, découpez un bloc de mousse synthétique aux dimensions du contenant choisi pour la composition.

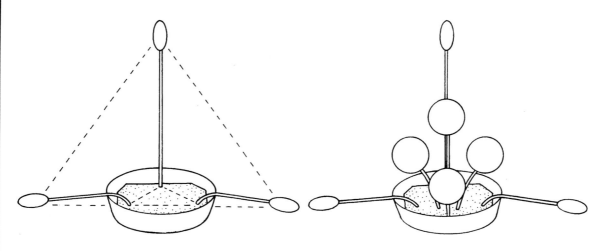

1 Fixez les boutons de rose dans la mousse synthétique, de telle façon qu'ils définissent un triangle. Courbez délicatement les tiges gauche et droite pour les amener à l'horizontale.

2 Placez les grandes roses épanouies en position centrale.

3 Disposez les fleurs principales de taille moyenne en veillant à maintenir un certain équilibre dans la composition.

4 Piquez soigneusement les fleurs de teintes assorties entre les fleurs principales.

FINITION
5 Utilisez les petites fleurs délicates pour combler les « vides ».

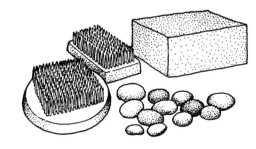

COMPOSITION DE STYLE JAPONAIS

L'art japonais de l'arrangement floral – Ikebana – est un vaste sujet, complexe, aussi ne donnerons-nous ici que le reflet de ses principes fondamentaux.

Si les compositions florales classiques font appel à de nombreuses fleurs, l'art floral japonais est, au contraire, axé sur des compositions très dépouillées. Choisissez de préférence des vases ou contenants laqués, en bambou ou en poterie artisanale. Il vous faudra également un pique-fleurs de forme adaptée, ou un petit bloc de mousse synthétique. Prévoyez aussi quelques jolis galets.

Ce type de composition est axé autour d'une branche principale, accompagnée de fleurs destinées à la mettre en valeur et de fleurs complémentaires. Dans l'exemple illustré, quatre branches de forsythia forment ainsi la trame de l'arrangement, deux fleurs de camélia permettent un effet de contraste, tandis que leurs feuilles et boutons floraux équilibrent l'ensemble.

Commencez par installer le pique-fleurs ou le bloc de mousse au centre du contenant.

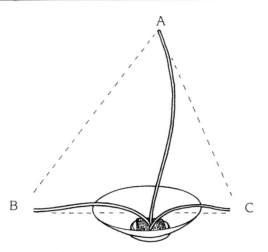

1 Coupez une branche A ; elle doit avoir une longueur d'environ deux fois le diamètre ou la hauteur du contenant (la plus grande dimension des deux). Coupez une autre branche, B, qui doit être à peu près un tiers plus courte que A. La branche C doit être d'environ un tiers plus courte que B. Placez la branche A en position centrale dans le pique-fleurs, puis B à un angle opposé par rapport à A. Enfin, disposez C de telle manière que les trois branches définissent un triangle non isocèle.

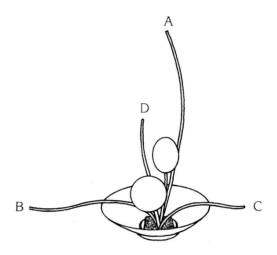

2 Piquez les fleurs de camélia vers le cœur de la composition, l'une se trouvant légèrement au-dessus de l'autre. Recoupez la quatrième branche de forsythia, D, de telle sorte qu'elle soit environ moitié moins longue que A. Placez-la entre A et B, mais en respectant l'axe défini par A.

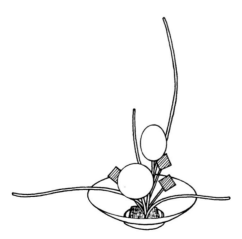

3 Pour créer une impression d'espace et d'harmonie, disposez les quelques éléments complémentaires autour des fleurs de camélia.

FINITION
4 Utilisez des galets ou des gravillons pour masquer la mousse synthétique ou le pique-fleurs.

Outils et matériel nécessaires

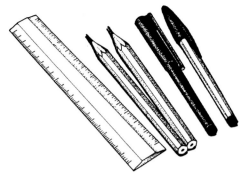

L'essentiel de l'équipement nécessaire à la réalisation des fleurs en papier est facile à dénicher dans la maison, l'atelier de bricolage ou le garage. Si l'un des outils ou ustensiles mentionnés vous fait défaut, vous pouvez sûrement le remplacer par quelque chose d'approchant. Vous constaterez peut-être, à l'usage, que vous préférez utiliser tel outil plutôt que tel autre conseillé dans cet ouvrage. Ne vous en privez pas, l'important étant de trouver le moyen efficace de parvenir à ses fins !

CRAYONS ET STYLOS Utilisez un crayon à papier à mine de type 2B pour tracer les modèles.
RÈGLE Indispensable pour mesurer papiers ou cartons, tissus et fils métalliques.

CISEAUX Il vous faut des ciseaux à papier et des ciseaux de couture pour le tissu. Les lames fermées servent à « friser » ou à « boucler » les pétales.
PINCE COUPANTE Pour courber et couper le fil métallique. Vous pouvez également utiliser des tenailles.

PAPIER CALQUE Il peut être remplacé par du papier à lettres « avion », très fin, ou du papier pelure pour machine à écrire.

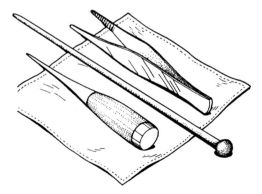

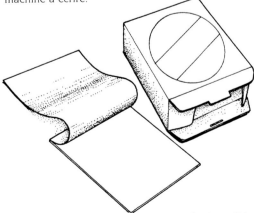

CARTON Pour faire des patrons ou gabarits solides, essayez le carton des paquets de céréales, le dos des blocs de papier à lettres ou de vieilles cartes postales.

POINÇON Pour faire de petits trous au centre des pétales. Tout autre outil pointu peut le remplacer.
AIGUILLE À TRICOTER Pour faire des vrilles et mettre en forme certains pétales. Elle doit être à bout rond.
PINCE Idéale pour maintenir en place de petits éléments, comme les étamines.
MOUCHOIR EN COTON Utilisé pour froisser les pétales.

155

CURE-DENTS Pour placer quelques gouttes de colle le long de la nervure centrale d'une feuille.
SPATULE Pour marquer les nervures d'une feuille.
PETITE CUILLÈRE Pratique pour bomber les pétales, marquer les nervures d'une feuille.

MOUCHOIRS EN PAPIER Pour épaissir les tiges, par exemple pour les tulipes et oiseaux de paradis.
SALADIER ET VERRE DOSEUR Pour les travaux de teinture et d'apprêt (utilisez de vieux ustensiles).
PAPIER JOURNAL Pour couvrir le plan de travail, sauf lors de la préparation de fleurs blanches ou l'utilisation de matériaux blancs, qui pourraient être tachés par l'encre d'imprimerie. Il peut être remplacé par du papier kraft.
COTON HYDROPHILE Idéal pour confectionner les pompons (boutons floraux).
GANTS EN CAOUTCHOUC Indispensables pour protéger vos mains quand vous teignez du papier ou du tissu.
PINCES À LINGE Pour faire sécher les morceaux de papier ou de tissu teints ou apprêtés.

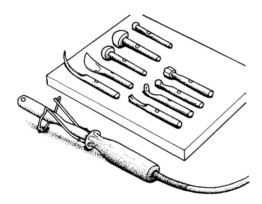

FER ÉLECTRIQUE SPÉCIAL Des « têtes » interchangeables permettent d'obtenir des textures et des formes différentes de fleurs et de feuilles. C'est un outil assez coûteux et très spécifique, qui demande une bonne maîtrise des techniques. À réserver plutôt aux spécialistes. Il n'est d'ailleurs pas indispensable pour les réalisations présentées dans cet ouvrage.

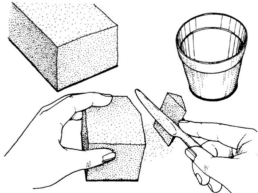

MOUSSE SYNTHÉTIQUE DE FLEURISTE (OASIS) Cette mousse synthétique sert à piquer les fleurs et à les maintenir dans le contenant choisi. Elle se présente en blocs ou en sphères que l'on peut tailler aux formes voulues. On la trouve chez les fleuristes et dans les jardineries.

SOUCOUPES ET PINCEAUX Pour les travaux d'apprêt et de teinture. Dans la mesure du possible, ayez un pinceau et une soucoupe pour chaque teinture.

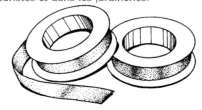

RUBAN EN PAPIER OU EN TISSU Pour la décoration des boutonnières, gerbes ou bouquets à tenir. Dans les papeteries, merceries, etc.

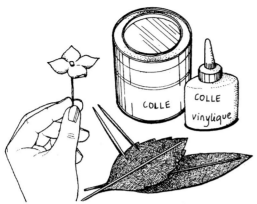

COLLE VINYLIQUE (PVA, acétate de polyvinyle)
Solution adhésive prête à l'emploi, vendue dans les
magasins de bricolage. Comme elle durcit en séchant,
elle ne convient pas pour assembler des morceaux
de tissu, mais elle est idéale pour la préparation
des fleurs, car elle devient « invisible ».

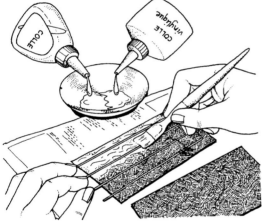

COLLE À PAPIER (de type colle universelle
transparente) À acheter en papeterie. Vous pouvez
également utiliser un mélange moitié colle à papier,
moitié colle vinylique. Comme ce mélange ne durcit
pas en séchant, c'est un adhésif « maison » idéal
pour coller des morceaux de tissu.

COLLE EN BÂTON À acheter en papeterie également,
pratique, propre et rapide, idéale pour les collages
légers de papier et pour encoller le ruban crépon
non adhésif.

COLLE À PAPIER PEINT À acheter dans les magasins
de bricolage et les drogueries. Préparez la colle en
respectant les proportions indiquées par le fabricant.
Utilisée pour donner un apprêt aux tissus.

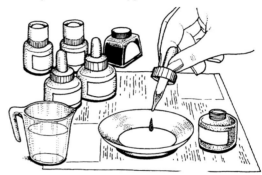

FEUTRES En papeterie et dans les magasins d'arts
graphiques. On les utilise pour faire des marques sur
les pétales, teindre le fil métallique gainé de blanc.
N'utilisez pas de marqueurs, à bout large, mais
des feutres assez fins.

SOLUTION D'IMPRÉGNATION Certains matériaux
(tissu, soie, papier artisanal) sont traités avec
des produits chimiques imperméables, ou sont
amidonnés, de telle sorte qu'ils ne peuvent
s'imprégner uniformément de teinture. Utilisez
la solution suivante avant de teindre : dans
un saladier, mélangez deux tasses d'eau tiède et deux
gouttes de détergent (liquide vaisselle). Faites tremper
le matériau quelques secondes dans cette solution
puis pressez-le pour éliminer l'excès de liquide.
Ce procédé ne doit pas être appliqué au papier
crépon.

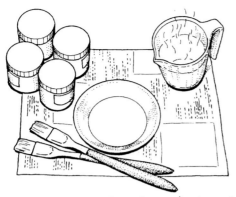

TEINTURE (teinture rapide ou directe) À acheter dans les drogueries, teintureries ou magasins d'articles de loisirs. Utilisez de l'eau chaude pour la préparation du bain. (La teinture s'éclaircit légèrement après séchage.)

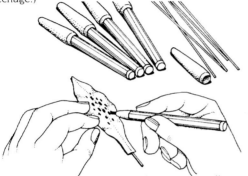

FEUTRES En papeterie et dans les magasins d'arts graphiques. On les utilise pour faire des marques sur les pétales, teindre le fil métallique gainé de blanc. N'utilisez pas de marqueurs, à bout large, mais des feutres assez fins.

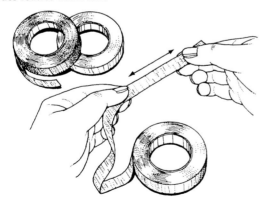

RUBAN ADHÉSIF DE FLEURISTE (Floratape) Matériau à l'aspect de papier crépon, imprégné de colle. Il existe dans de nombreuses teintes, dont plusieurs tons de vert, marron et blanc. Il peut également être teint. Si vous n'en trouvez pas, vous pouvez le préparer vous-même en coupant une lanière de 1 cm de large dans un rouleau de papier crépon vert, et en la recoupant à la longueur voulue. Vous l'utiliserez comme le ruban crépon adhésif, mais en le collant au fur et à mesure.

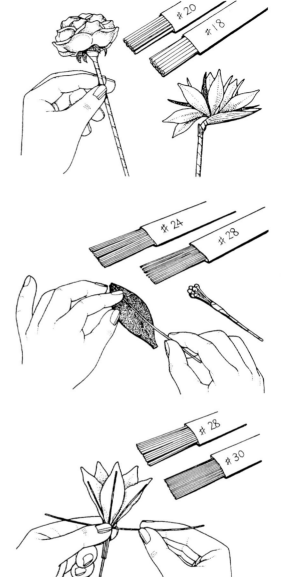

FILS OU TIGES MÉTALLIQUES Ils existent dans des calibres variés, en bobines ou en longueurs standards. Ils sont le plus souvent gainés de blanc ou de vert, mais vous pouvez les recouvrir vous-même avec du ruban crépon de la teinte choisie.

Les gros calibres (1,6 à 1,8 mm) sont utilisés pour la tige principale.

Les moyens calibres (gainés de vert), de 1,2 mm environ, servent à « armer » les feuilles et à tiger les fleurs plus petites.

Les petits calibres (0,6 à 1 mm) sont utilisés pour « armer » les pétales.

Les tiges les plus fines sont utiles pour tous les liens et assemblages.

INDEX